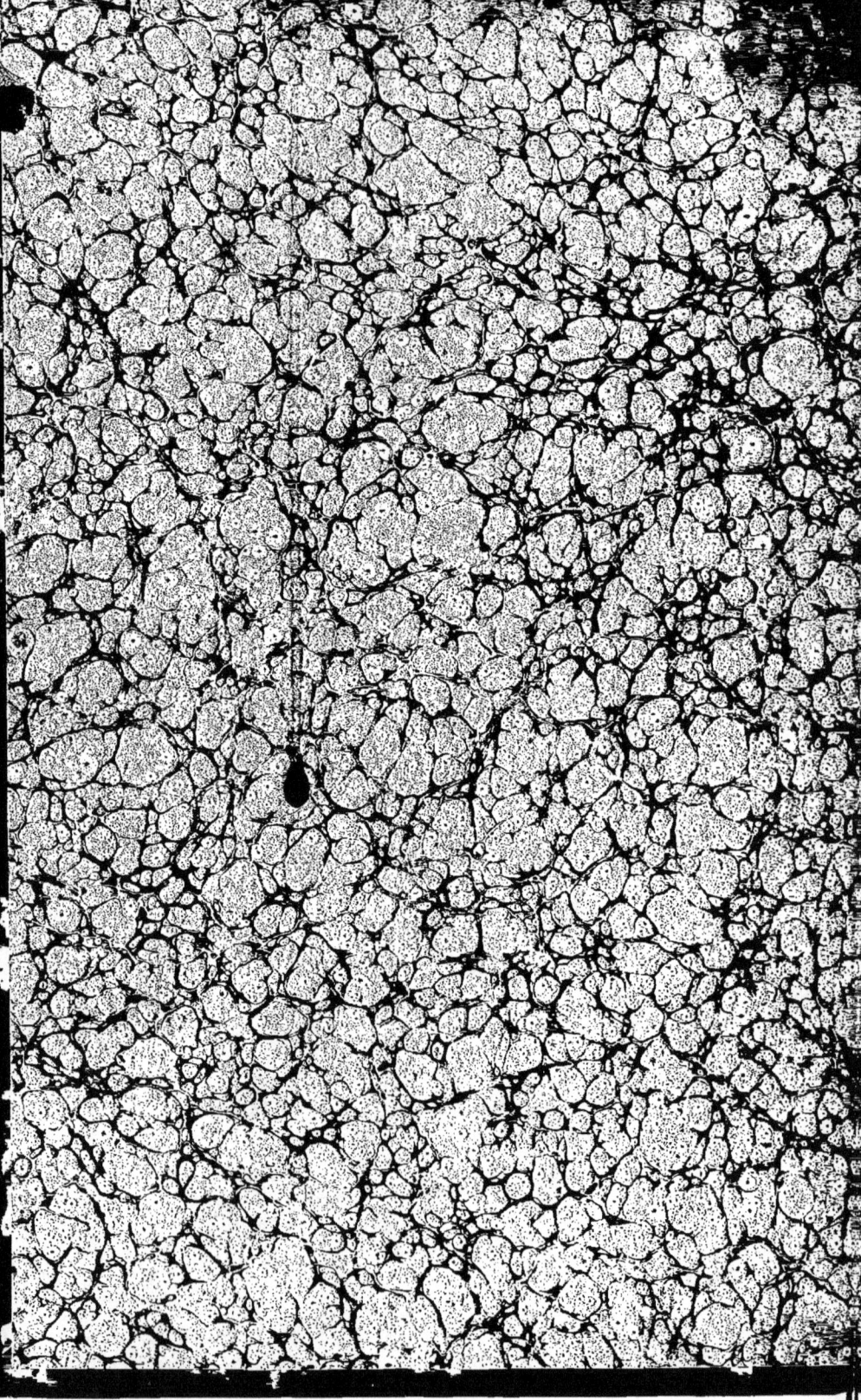

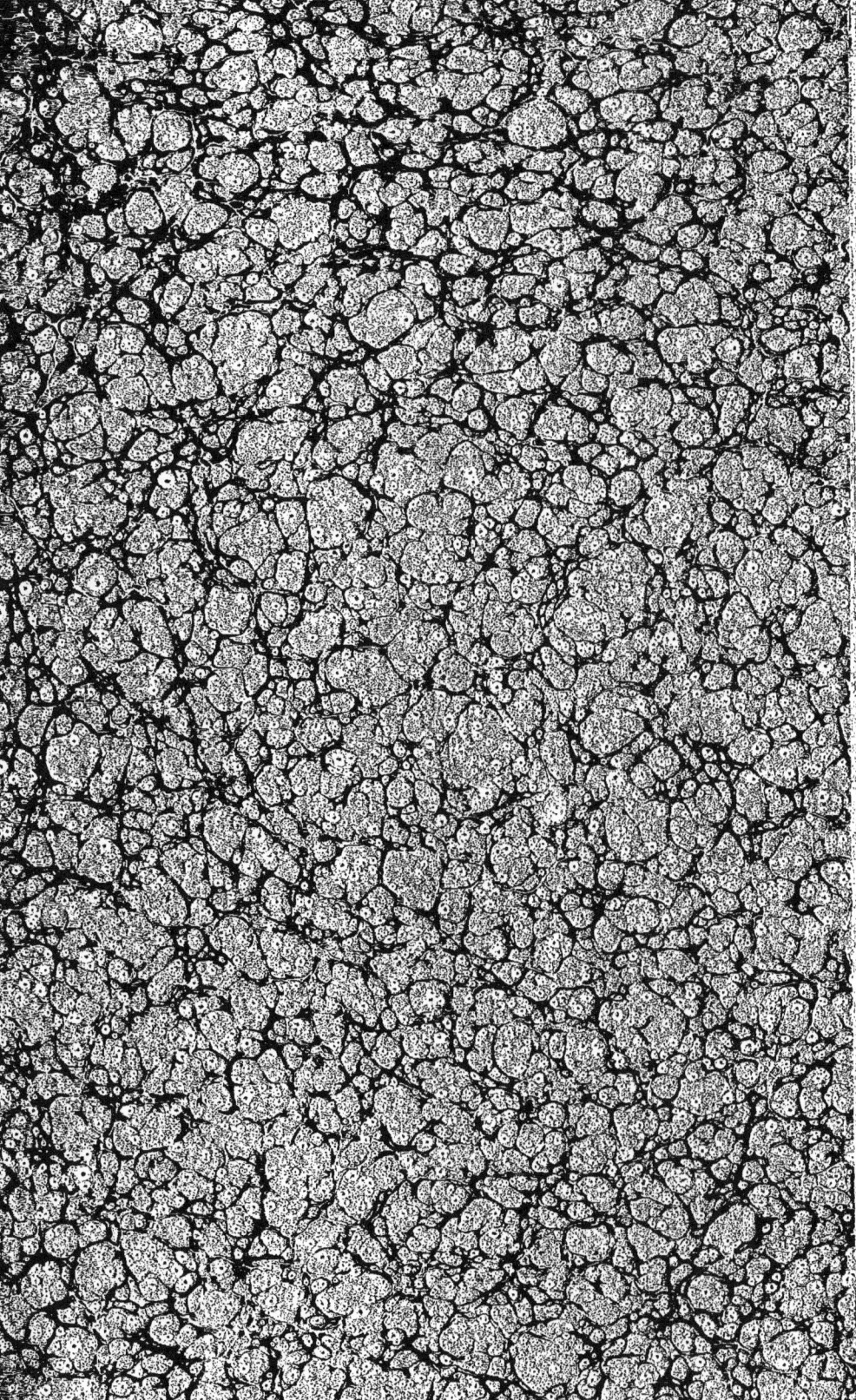

V

GRAMMAIRE

MUSICALE.

Tout Exemplaire non-revêtu de la signature de l'Auteur sera réputé contrefait

MUSIQUE
COMPOSÉE AVEC DES CARACTÈRES MOBILES
ET IMPRIMÉE SUR PLANCHES SOLIDES
PAR LES PROCÉDÉS DE E. DUVERGER,
RUE DE VERNEUIL, N° 4.

GRAMMAIRE MUSICALE

OU

MÉTHODE ANALYTIQUE ET RAISONNÉE

POUR APPRENDRE ET ENSEIGNER

LA LECTURE DE LA MUSIQUE;

SUIVIE

D'OBSERVATIONS

SUR LES ERREURS, PRÉJUGÉS ET FAUSSES OPINIONS

CONCERNANT LA MUSIQUE;

PAR P. L. AUBÉRY DU BOULLEY.

> Chaque jour un antique préjugé fait place à une vérité nouvelle.
>
> De Momigny, *Cours complet de Composition.*

PARIS.

SIMON RICHAULT, ÉDITEUR DE MUSIQUE,
BOULEVARD POISSONNIÈRE, N° 16.

1830

AVANT-PROPOS.

L'ouvrage qu'on va lire n'est point une compilation : ce n'est pas non plus un de ces rêves systématiques enfantés par le seul désir de blâmer à tort et à travers, et d'éblouir un instant par le clinquant d'une vaine originalité. C'est l'œuvre consciencieuse et long-temps méditée d'un homme qui n'a eu d'autre but que celui de mettre à la portée de toutes les intelligences les principes de l'art, d'après une nouvelle méthode d'enseignement[1].

Écrire un livre élémentaire ce n'est pas, je pense, dresser après mille autres une sorte de *table*, pompeusement intitulée *méthode*, où sont bien rapidement tracés quelques signes admis, et auxquels on donne une valeur qui n'est pas, ou qui est mal définie ; c'est encore moins, sans doute, créer ou combattre, dans de nombreux volumes, quelque système plus ou moins ingénieux ou profond, plus ou moins exact ou bizarre ; mais c'est assurément offrir en quelques pages, avec précision et clarté, toutes les règles que la raison, l'expérience et le sentiment

---

[1] On peut citer des auteurs qui ont écrit dans un autre système :

M. Fétis, rédacteur de la *Revue Musicale*, journal écrit avec autant d'impartialité que de talent, et auteur d'un *Nouveau Solfége* ;

M. de Geslin, auteur de la *Méthode du Méloplaste*, ouvrage justement estimé ;

M. Castil-Blaze, auteur de *l'Opéra en France* et d'un excellent *Dictionnaire de Musique*, si connu d'ailleurs par ses traductions d'opéras italiens, qu'il a presque toujours faites avec un rare bonheur ;

Et enfin M. Pastou, fondateur de *l'École de la Lyre Harmonique*, si distingué par son double talent sur le violon et sur la guitare, et auteur d'une bonne *Méthode de Chant*.

de ce qui est vrai, de ce qui est bien, ont inspiré sur l'art ou la science qu'on prétend enseigner. Or, c'est la tâche à laquelle je me suis livré pour laisser sur l'enseignement de la musique une véritable *grammaire*. Il y a peut-être peu de gloire à attendre d'un tel ouvrage ; mais je dis avec Ovide :

> . . . . Non gloria nobis
> Causa, sed utilitas officiumque fuit.
> (De Ponto , *lib*. III, éleg. 9.)

On ne peut nier que jusqu'ici, et malgré les efforts de professeurs de talent, l'enseignement de la musique n'ait été une aveugle routine. N'ayant aucune idée fixe sur la durée respective de la valeur des notes, et ignorant presque toujours la raison pour laquelle il s'arrête plus long-temps sur telle note que sur telle autre, l'élève écoute son maître et répète, écoute et suit, s'arrête, précipite le mouvement, sans se douter pourquoi, sans savoir ce qu'il fait. Cette complication d'erreurs ne peut produire en lui et ne produit en effet que l'incertitude et la routine.

Combien d'élèves, après deux et trois ans de leçons, après avoir travaillé tous leurs principes, attestent, par leur impuissance à exécuter les *valeurs* tant soit peu compliquées, l'insuffisance de cette méthode, la défectuosité de ce système [1] !

En effet, avant que d'exécuter des airs et même des accompagnemens sur l'instrument ou avec la voix, il faut être nécessairement familier avec tous les différens assemblages de valeurs ; il faut qu'aucun ne puisse vous faire

---

(1) **Les notes ont plus ou moins de durée, relativement les unes aux autres :** ce sont ces durées différentes que l'on nomme *valeurs*.

balancer. On doit les lire comme on lit des mots. Le maître doit donc commencer par exercer l'écolier à exécuter toutes les espèces de valeurs.

C'est une grave erreur que de croire que l'on puisse montrer à la fois et la musique et l'instrument ; car en voulant que l'élève s'occupe de deux choses en même temps, il arrive que l'attention qu'il donne à l'une diminue d'autant celle qu'il donne à l'autre. Cependant c'est ainsi que l'on enseigne la musique ; car on ne peut pas compter pour une instruction sur les valeurs ce simple appel à la mémoire sur leurs rapports entre elles sans exercices pratiques; cette connaissance préliminaire qui est à peu près à la musique ce que celle des lettres est à la grammaire. Or, ne tombe-t-il pas sous le sens que la connaissance purement théorique des rapports respectifs des valeurs n'apprend pas davantage à les établir en pratique entre les diverses notes d'un ensemble et les divers ensembles d'une mesure, que la connaissance seule des lettres de l'alphabet n'apprend à lire couramment, sans exercices sur l'assemblage des lettres?

D'après l'ancienne méthode, les maîtres apprennent à leurs écoliers des airs et non pas la musique. En effet, que font-ils d'abord? ils leur font exécuter des chants avant que de leur avoir enseigné l'exécution des valeurs; ils compliquent et réunissent deux difficultés qui doivent être successivement surmontées par le commençant, celle du doigter ou de l'intonation avec celle de la division des temps ou autrement de la répartition des différentes fractions de l'unité de durée de la mesure. Ils soignent la justesse des intonations et même la qualité des sons en

AVANT-PROPOS.

même temps qu'ils apprennent à l'écolier à partager le temps entre les diverses fractions de la mesure.

Avec cette méthode routinière, les élèves s'accrochent à chaque instant aux moindres difficultés de valeurs; la plupart ne sont de leur vie autre chose que des demi-musiciens; à peine s'en trouve-t-il un sur dix qui sache proportionner la brève qui suit une pointée dans le rapport d'un à trois. Tel qui vous rend nettement des difficultés n'est pas capable de faire avec exactitude une seconde partie, manquera un petit air, ne suivra pas même, sans jouer, un enchaînement de valeurs mêlées médiocrement difficile. Car il ne suffit pas de savoir par cœur, ainsi que tout écolier ne manque pas de l'apprendre, il ne suffit pas de répéter en perroquet qu'*une blanche vaut deux noires*, ou, si l'on veut, qu'*une et une font deux*, il faut, et c'est là l'essentiel, que l'écolier ait de ces divers rapports une connaissance pratique, c'est-à-dire qu'il soit capable de prouver dans l'exécution qu'il sait ce que c'est, en durée, qu'un en comparaison de deux, un en comparaison de quatre, un en comparaison de trois, etc.; ou autrement, qu'il sait ce que c'est que les divers groupes de valeurs, tels qu'une longue et deux brèves ♩♫, quatre égales ♩♩♩♩, quatre inégales ♩.♪♩.♪, etc., et de même dans le *trois temps;* et qu'il le prouve en donnant à chaque valeur la durée qu'elle doit avoir comme fraction de l'unité de la mesure[1].

---

(1) Voici comment s'exprime sur ce sujet le savant rédacteur de la *Revue Musicale.*

« Il est ordinaire, quand on se décide à faire commencer l'étude du piano par les enfans, de leur donner tout d'abord le maître qui doit leur placer les

AVANT-PROPOS. 5

A la nullité des explications analytiques et des exercices pratiques se joint encore la méthode défectueuse suivie par la plupart des professeurs de jouer la leçon de l'élève avec lui, et même avec un instrument pareil, de sorte que le maître ne peut ni soigner l'observation parfaite des valeurs, ni entendre la qualité des sons, ni, pour les instrumens à cordes, veiller à l'exactitude du coup d'archet ou du doigter, non plus qu'à la prise des vraies positions. D'ailleurs les écoliers écoutent : ils sont tout oreilles ; les yeux ne voient rien ou ne voient que des à-peu-près.

Lorsque le maître exécute quelque passage de la leçon de son élève, ce doit être séparément et pour faire ressortir les fautes d'exécution, ou bien faire remarquer la vraie manière de rendre le trait. Il n'est qu'un seul cas où le maître doive jouer la même partie que l'élève ; c'est lorsque, par un défaut général ou particulier de l'instrument, ou par l'effet d'un manque de sûreté dans l'oreille, l'élève ne peut soutenir tous ses tons à leur élévation ; mais ce ne doit pas être avec un instrument pareil que

mains sur le clavier, sans leur avoir donné une connaissance préalable de la musique, de sa sténographie ni de son mécanisme ; en sorte que l'élève, incapable qu'il est de lire sur une seule portée, est obligé de déchiffrer sur deux, avec des clefs différentes qui changent et le nom et la signification des notes, de faire les divisions de la mesure, de songer à la position des mains, au mécanisme de ses doigts, aux règles du doigter et à beaucoup d'autres choses encore. Cette complication est contraire aux progrès de l'élève, car elle doit faire naître mille fois le découragement. Presque toujours il en résulte que l'une des parties de l'enseignement est sacrifiée à l'autre ; or, la partie mécanique de l'exécution étant la moins ennuyeuse pour l'élève, c'est à celle-là qu'il s'attache, et la lecture de la musique est négligée. De là l'excessive rareté des pianistes bons lecteurs, et l'espèce de barrière insurmontable qui s'oppose à leurs progrès quand ils sont parvenus à un certain point. Pour obvier à cet inconvénient, il est de la plus haute importance de ne faire connaître à un enfant l'étude du clavier qu'après l'avoir habitué à lire couramment la musique. »

(*Revue Musicale*, Tom. VII, 2ᵉ livr.)

ce doublement doit se faire; c'est au contraire avec un instrument suffisamment faible de son, et d'un timbre très différent de celui de l'élève, tel qu'un violon, un alto pour doubler, un basson, une flûte, et encore cela ne doit-il avoir lieu que dans des leçons faites exprès pour le perfectionnement de la justesse des sons. Après avoir fait exécuter la leçon et avoir bien repris l'élève sur ses défauts de tout genre, le maître doit, lorsque l'élève est assez ferme, la lui faire répéter pour y faire un accompagnement.

Toutes les fois que je vois enseigner la musique d'après la vieille méthode, il me semble vraiment voir un maître d'école qui veut forcer ses écoliers à lire tout couramment aussitôt qu'ils connaissent leurs lettres, et qui, pour les aider à deviner, lit avec eux des morceaux qu'ils connaissent à peu près par cœur; encore la méthode du *magister* aurait-elle infiniment moins d'inconvéniens que celle des maîtres de musique, en ce que le temps n'est pas rigoureusement borné pour la lecture, tandis qu'il est essentiellement déterminé pour la musique; que ce n'est pas ordinairement le temps que l'on met à prononcer un mot qui en fait la valeur, tandis que c'est la juste division de la durée totale de la mesure qui constitue la moitié de la mélodie, et qu'enfin c'est précisément ce que la méthode ordinaire des maîtres de musique n'apprend point à connaître.

Avec ma méthode, l'élève exercé à part et sur le doigter et sur les valeurs ne routine jamais, ne fait rien au hasard, mais comprend toujours ce qu'il fait, et se trouve en peu de temps parvenu au plus haut point d'instruction pratique, de manière à n'être arrêté par aucun rhythme quel qu'il soit, et à lire à livre ouvert et avec précision tout ce que le mécanisme de ses membres et le plus ou le moins d'habitude lui permet d'exécuter, en un mot, tout ce qui est de sa force.

Cette révolution si remarquable dans l'enseignement de la musique, et qui doit influer puissamment, non-seulement sur l'exécution, mais aussi sur la composition, n'est due qu'à feu Aubéry du Boulley, mon père, ainsi que le prouve si clairement la défectuosité des méthodes publiées jusqu'à ce jour et des ouvrages littéraires et didactiques sur cette science. On peut même assurer que dans aucune méthode de musique il n'avait jamais existé non-seulement d'exercices de valeurs à part du doigter ou de l'intonation, mais pas même d'exercices méthodiques mêlés de doigter, jusqu'à ce que son système analytique fût répandu.

Frappé de l'insuffisance de la méthode ordinaire, ne rencontrant partout que des personnes qui, après avoir appris la musique pendant des années, étaient incapables d'exécuter le moindre morceau à livre ouvert et en mesure, il chercha à aplanir les difficultés qui s'opposaient à l'étude de cet art et à en rendre l'enseignement aussi complet qu'il était défectueux. Il observa des effets et sentit que c'était là ce qu'il fallait réduire en principes; il reconnut que l'étude complète des valeurs devait nécessairement précéder celle des instrumens ou de la voix; qu'il fallait soigneusement isoler ces deux sortes de difficultés, c'est-à-dire que les exercices de valeurs devaient être absolument exempts de toute difficulté de doigter, comme les exercices de doigter de toute difficulté de valeurs.

AVANT-PROPOS.

Ce fut en 1802 et sur moi, alors âgé de cinq ans, que mon père fit le premier essai de sa méthode; et en peu de temps le succès fut tel que, sans avoir jamais tiré un son d'un instrument, je pouvais suivre avec le doigt et exécuter le rhythme de toute espèce de la musique la plus compliquée; bientôt après il entreprit d'enseigner la musique à plusieurs jeunes gens de différens âges, qui après un et même deux ans de leçons de professeurs estimés n'avaient pu parvenir à lire correctement le plus petit air. En peu de temps, avec cette méthode, ils furent en état d'exécuter toute espèce de valeurs.

Depuis 1820 jusqu'en 1827, ayant moi-même professé la musique d'après cette méthode, j'ai été à même de reconnaître son efficacité, d'y joindre les fruits de mon expérience et d'y apporter tous les perfectionnemens dont elle était susceptible. Je puis même assurer que parmi mes nombreux écoliers *pas un* n'est resté en arrière, et que tous au contraire ont complètement réussi [1].

Cette méthode est divisée en trois parties.

La *première* contient, en théorie, tout ce qu'il est nécessaire d'avoir gravé dans la mémoire; l'élève devra donc l'apprendre par cœur.

La *seconde* partie renferme des exercices analytiques et pratiques sur l'exécution desquels je ne puis trop appuyer. Le maître devra donc tenir la main à ce qu'ils soient tous exécutés correctement et aussi long-temps qu'il sera nécessaire. Il devra également, dès les premières leçons, rompre ses élèves à battre la mesure.

[1] M. Poussard aîné, élève du Conservatoire, violoniste aussi distingué que professeur habile, enseigne la musique depuis trois ans à Château-Gontier d'après mon système; il a obtenu un succès complet.

AVANT-PROPOS.

Enfin j'ai joint à cette méthode des observations critiques sur les erreurs, préjugés et fausses opinions en fait de musique, formant le complément naturel de la grammaire musicale. Cette *troisième partie* pourra être utile non-seulement aux élèves, mais encore à tous les musiciens, en ce qu'elle contribuera, je l'espère, à donner aux uns et aux autres des idées plus correctes et plus précises et sur la musique et sur la manière de l'enseigner.

INTRODUCTION.

La musique est la langue du cœur : elle a la vertu d'exprimer tout ce que les langues proprement dites ne peuvent rendre. Celles-ci sont les langues de l'esprit, les langues des idées ; la musique est celle des sensations. Nul trouble, nulle agitation, nulle nuance de sentiment qu'elle ne puisse reproduire. La langue parlée s'efforce en vain de peindre le sentiment, elle n'en fait pour ainsi dire que l'histoire ; mais la musique ne le peint point : c'est le sentiment même qu'elle communique à l'auditeur. Ces deux sortes de langues peignent chacune ce que l'autre ne saurait peindre ; cependant il est des sensations qu'elles peuvent rendre séparément, mais qu'elles expriment bien mieux par leur union.

Tous les mots, et par suite toutes les phrases, toutes les périodes, ne sont, si l'on en excepte les onomatopées, que des sons de convention, dépourvus de valeur intrinsèque ; ils ne sont originairement rien de plus que ce qu'ils paraissent à celui qui n'entend pas la langue dont ils font partie.

La langue musicale au contraire est celle de l'univers et de l'éternité. Nul peuple qui ne l'entende aussi bien que celui qui la produit.

La musique a aussi ses mots qui ont une expression déterminée, mais qui varie, se modifie par celle des mots voisins, selon l'arrangement successif. Ces mots consistent dans des assemblages de trois, quatre, six et huit notes, comme les mots proprement dits consistent dans l'union de plus ou moins de syllabes et de lettres. Quelquefois une note forme un mot, comme une lettre ou une syllabe dans une langue.

Si l'on peut dire qu'il est un organe particulier pour la musique, c'est le cœur qui seul mérite cette qualification. En effet, c'est de là qu'émane tout chant passionné, créé de verve; c'est de là que partent toutes les sensations mélodiques; le cerveau n'est rien que la route par laquelle elles s'écoulent. Mais ce n'est uniquement que des chants d'inspiration et de la pré-sensation des effets harmoniques que je prétends parler, et non pas de la mélodie et de l'harmonie fabriquées, ni de l'arrangement des parties; quant à cette sorte de production, le cœur y est pour si peu que l'on doit l'attribuer presqu'en entier à l'organe du raisonnement : c'est bien plus le fruit du goût et de l'expérience que celui du sentiment.

Le propre de la musique est donc d'exprimer les sentimens, avec leurs nuances ainsi que leurs successions. C'est, ainsi que je l'ai déjà dit, la langue des impressions du cœur; ce n'est que par extension qu'on lui a fait peindre la partie bruyante des actions. On a remarqué ensuite que puisque la musique consistait en son, on pouvait l'employer à rendre toute action, à peindre tout ce qui offrait une suite de sons ou de tons, ou, autrement, ce qui dans une action consiste en sons. Ainsi de là on a essayé de peindre, on a peint tant bien que mal, et le galop des chevaux, et le cliquetis des armes, et le bruit du canon, etc.; mais il est outré de vouloir étendre (ainsi que quelques auteurs l'ont prétendu) le pouvoir de la musique jusqu'à peindre les formes et les couleurs.

La musique se compose de deux parties distinctes : la mélodie, qui est une suite de tons formant un chant, et l'harmonie, qui consiste dans l'union de plusieurs sons à la fois. Le fondement de la musique, c'est-à-dire les élémens les plus simples dont se forment et la mélodie et l'harmonie, sont la gamme, qui est composée de sept degrés, dont cinq distans d'un ton de celui qui

INTRODUCTION.

suit, et deux seulement d'un demi-ton[1]. Le chant se compose aussi de deux élémens : la succession mélodique et la succession rhythmique. La première consiste dans le nombre et l'arrangement des divers degrés de la gamme, et la seconde dans la division de la masse de durée de chaque mesure en plus ou moins de fractions, et l'arrangement de ces diverses fractions entre elles et par rapport aux mesures précédentes et suivantes. En un mot, la succession mélodique consiste en une suite de tons, et la succession rhythmique en une suite de valeurs.

[1] Je m'abstiendrai de parler dans l'exposition de la gamme des tons et demi-tons majeurs et mineurs, parce que je sais que la connaissance de ces minutieuses différences arithmétiques ne saurait influer en rien sur la perfection de l'exécution, toute la justesse relative des tons dépendant uniquement de la sensibilité de celle de l'oreille; que c'est à l'élève de sentir et au maître de lui dire s'il est trop haut ou trop bas; qu'en un mot, l'oreille et le sentiment apprécient mieux la justesse que l'esprit ne peut la trouver en se figurant ces proportions visuelles d'étendue. Je ferai seulement ici cette observation, c'est qu'il est faux que le plus grand des deux demi-tons soit, ainsi que tous les auteurs le prétendent, entre la *septième* et la *tonique*. Il m'avait toujours paru, et mes expériences faites sur le *monocorde* m'ont prouvé que ce demi-ton est au contraire le plus faible des deux.

GRAMMAIRE
MUSICALE.

Ière PARTIE.—THÉORIE.

CHAPITRE PREMIER.

DE LA GAMME.

Demande. Quels sont les élémens les plus simples dont se compose la musique?

Réponse. C'est *la gamme*, qui est elle-même formée de sept degrés, dont cinq distans d'un *ton*, et deux seulement d'un demi-ton. Pour exprimer ces degrés et écrire la musique on a imaginé les notes.

D. Quels sont les noms de ces notes?

R. Ut, ré, mi, fa, sol, la, si.

D. Comment les écrit-on?

R. On se sert de cinq lignes, sur lesquelles ou entre lesquelles on les pose.

D. Comment appelle-t-on l'ensemble de ces cinq lignes?

R. On le nomme *portée*.

D. Comment compte-t-on ces lignes?

R. En commençant par en-bas. La première est la plus basse; la seconde, la troisième, la quatrième et la cinquième toujours en montant.

DE LA GAMME.

Exemple :

D. N'y a-t-il que ces sept degrés dans la gamme?

R. Non, il n'y a que sept degrés qui se répètent à l'*octave*.

D. Qu'est-ce que l'*octave?*

R. L'octave est une note répétée à huit degrés plus haut ou plus bas, et formant le complément de la gamme. On entend aussi par octave l'ensemble de ces huit degrés.

D. Peut-il y avoir plusieurs octaves dans une gamme?

R. Oui, une gamme peut contenir plusieurs octaves, selon l'étendue de l'instrument dont on joue.

D. Les cinq lignes suffisent-elles pour écrire les différentes octaves qui se trouvent dans l'étendue de la gamme?

R. Non, on se sert de petites lignes supplémentaires que l'on place au-dessous et au-dessus de la portée.

D. Combien peut-on écrire de notes sans avoir recours aux lignes supplémentaires?

R. Onze.

CHAPITRE II.

DES CLEFS.

D. Qu'est-ce que la *clef?*

R. C'est un signe que l'on place au commencement de la portée.

Exemple :

Clef de sol.   Clef de fa.   Clef d'ut.

DES CLEFS.

D. A quoi sert la clef?

R. A faire connaître le nom des notes en donnant le nom à l'une d'elles qui sert de point de départ pour les autres.

D. Quelle est cette note?

R. Celle qui est placée sur la ligne où l'on pose la clef.

D. Combien y a-t-il de clefs?

R. Trois: la clef de *sol*, la clef de *fa*, et la clef d'*ut*.

D. Comment se placent-elles?

R. La clef de *sol* se place sur la seconde ligne, la clef de *fa* sur la quatrième, et la clef d'*ut* sur les troisième et quatrième lignes.

CHAPITRE III[1].

DU NOM DES NOTES A LA CLEF DE SOL.

D. La gamme suivante contient les onze notes qui s'écrivent sans lignes supplémentaires. Nommez-les et dites comment elles sont placées.

R. Ré, mi, fa, sol, la, si, ut, ré, mi, fa, sol.

Exemple:

ré mi fa sol la si ut ré mi fa sol

[1] Si l'élève se destine à un instrument pour lequel on se sert de la clef de *sol*, le maître lui fera apprendre ce chapitre; si au contraire il veut jouer d'un instrument de basse pour lequel on se sert de la clef de *fa*, c'est le chapitre suivant qu'il devra apprendre; enfin, si c'est de la clef d'*ut* qu'il a besoin, le maître lui fera passer les chapitres III et IV, et lui fera apprendre le chapitre V.

CHAPITRE III.

Le *ré* est placé au-dessous de la portée ; le *mi* est sur la première ligne ; le *fa* est entre la première et la seconde ; le *sol* est sur la seconde, qui est aussi la ligne de la clef ; le *la* est entre la seconde et la troisième ; le *si* est sur la troisième ; l'*ut* est entre la troisième et la quatrième ; le second *ré* est sur la quatrième ; le second *mi* est entre la quatrième et la cinquième ; le second *fa* est sur la cinquième, et le second *sol* est au-dessus de la portée.

D. Combien y a-t-il de notes basses au-dessous de la portée et qui s'écrivent à la clef de *sol* au moyen de lignes supplémentaires ?

R. Il y en a six : *mi, fa, sol, la, si, ut*.

Exemple :

mi   fa   sol   la   si   ut

D. Dites comment elles sont placées.

R. Le *mi* a trois lignes supplémentaires et est placé au-dessous ; le *fa* a aussi trois lignes supplémentaires, mais il est placé dessus ; le *sol* a deux lignes supplémentaires, et il est placé au-dessous ; le *la* a aussi deux lignes supplémentaires, mais il est placé dessus ; le *si* n'a qu'une ligne supplémentaire, et il est placé au-dessous ; l'*ut* n'a aussi qu'une ligne supplémentaire, mais il est placé dessus.

D. Combien y a-t-il de notes hautes au-dessus de la portée et qui s'écrivent aussi à la clef de *sol*, au moyen de lignes supplémentaires ?

NOTES A LA CLEF DE SOL.

R. Il y en a huit : *la, si, ut, ré, mi, fa, sol, la.*

Exemple :

D. Dites comment elles sont placées.

R. Le *la* a une ligne supplémentaire, et il est placé dessus; le *si* a aussi une ligne, mais il est placé au-dessus; l'*ut* a deux lignes supplémentaires, et il est placé dessus; le *ré* a aussi deux lignes, mais il est placé au-dessus; le *mi* a trois lignes supplémentaires, et il est placé dessus; le *fa* a aussi trois lignes, mais il est placé au-dessus; le *sol* a quatre lignes supplémentaires, et il est placé dessus; le *la* a aussi quatre lignes, mais il est placé au-dessus[1].

D. Quelle musique écrit-on à la clef de *sol*?

R. On écrit sur la clef de *sol* la musique destinée aux instrumens chantans, tels que le violon, la flûte, la clarinette, le hautbois, le cor, la trompette, la guitare. Quant à la musique de piano, on l'écrit sur la clef de *sol* pour la main droite, et sur la clef de *fa* pour la main gauche.

CHAPITRE IV.

DU NOM DES NOTES A LA CLEF DE FA.

D. Nommez les onze notes qui s'écrivent sans le secours des lignes supplémentaires.

(1) Le maître devra faire exercer son élève d'abord sur les onze notes qui s'é-

CHAPITRE VI.

R. Fa, sol, la, si, ut, ré, mi, fa, sol, la, si.

Exemple :

D. Dites comment elles sont placées.

R. Le *fa* est placé au-dessous de la portée; le *sol* est sur la première ligne; le *la* est entre la première et la seconde; le *si* est sur la seconde; l'*ut* est entre la seconde et la troisième ; le *ré* est sur la troisième ; le *mi* est entre la troisième et la quatrième ; le *fa* est sur la quatrième, qui est aussi la ligne de la clef; le *sol* est entre la quatrième et la cinquième ; le *la* est sur la cinquième, et le *si* est au-dessus de la portée.

D. Combien y a-t-il de notes basses au-dessous de la portée et qui s'écrivent à la clef de *fa* au moyen des lignes supplémentaires ?

R. Il y en a sept : *fa, sol, la, si, ut, ré, mi.*

Exemple :

D. Dites comment elles sont placées.

R. Le *fa* a quatre lignes supplémentaires, et il est dessus; le

crivent sans le secours des lignes supplémentaires. A cet effet, il prendra un morceau de musique sur lequel l'élève cherchera à reconnaître ces différentes notes jusqu'à ce qu'il puisse les nommer sans hésiter. Ensuite le maître fera également exercer son écolier sur les notes qui s'écrivent au-dessous et au-dessus de la portée.

NOTES A LA CLEF DE FA.

sol a trois lignes supplémentaires et il est au-dessous ; le *la* a aussi trois lignes, mais il est dessus ; le *si* a deux lignes supplémentaires, et il est au-dessous ; l'*ut* a aussi deux lignes, mais il est dessus ; le *ré* a une ligne supplémentaire et il est au-dessous ; le *mi* a aussi une ligne supplémentaire, mais il est dessus.

D. Combien y a-t-il de notes hautes au-dessus de la portée et qui s'écrivent aussi à la clef de *fa*, au moyen de lignes supplémentaires ?

R. Il y en a six : *ut, ré, mi, fa, sol, la.*

Exemple :

D. Dites comment elles sont placées.

R. L'*ut* a une ligne supplémentaire, et il est placé dessus ; le *ré* a aussi une ligne, mais il est placé au-dessus ; le *mi* a deux lignes supplémentaires, et il est placé dessus ; le *fa* a aussi deux lignes, mais il est au-dessus ; le *sol* a trois lignes supplémentaires, et il est placé dessus ; le *la* a aussi trois lignes, mais il est au-dessus.

D. Quelle musique écrit-on sur la clef de *fa* ?

R. On écrit la musique destinée aux instrumens de basse, tels que le basson, la basse, le trombonne, le serpent, la contre-basse, et la main gauche du piano et de la harpe.

D. N'est-il pas possible d'éviter les lignes supplémentaires qui sont au-dessus de la portée à la clef de *fa* et de les écrire autrement ?

CHAPITRE IV.

R. Oui, en employant la clef d'*ut* sur la quatrième ligne.

Exemple :

ut   ré   mi   fa   sol   la

L'*ut* qui est sur la quatrième ligne, à la clef d'*ut*, est le même que l'*ut* qui a une barre et qui est au-dessus de la portée, à la clef de *fa*, et ainsi des autres notes[1].

Exemple :

ut   ré   mi   fa   sol   la

ut   ré   mi   fa   sol   la

D. Pour quel instrument se sert-on de cette clef d'*ut* ?

R. La clef d'*ut* sur la quatrième ligne ne sert exclusivement pour aucun instrument. On ne l'emploie que pour écrire les notes hautes dans la musique destinée aux instrumens pour lesquels on écrit sur la clef de *fa*, tels que la basse, le trombonne, le serpent et la contre-basse.

D. Vous avez dit que l'on écrivait sur la clef de *fa* pour la main gauche du piano et de la harpe. Afin d'éviter les lignes supplémentaires des notes d'en-haut, peut-on se servir de la clef d'*ut* sur la quatrième ligne ?

(1) **Le maître ne devra parler à son élève de la clef d'*ut* sur la quatrième ligne que lorsque celui-ci connnaîtra bien ses notes à la clef de *fa*.**

NOTES A LA CLEF DE FA.

R. Non ; lorsque l'on veut éviter pour la musique de ces deux instrumens les lignes supplémentaires, on écrit les notes hautes de la main gauche au moyen de la clef de *sol*. L'*ut* qui a une ligne et qui est au-dessous de la portée à la clef de *sol* est le même que l'*ut* de la clef de *fa* qui a une ligne et qui est au-dessus de la portée.

Exemple :

CHAPITRE V.

DU NOM DES NOTES A LA CLEF D'UT SUR LA TROISIÈME LIGNE.

D. Comment nomme-t-on les onze notes qui s'écrivent sur cette clef d'*ut*, sans le secours de lignes supplémentaires ?
R. Mi, fa, sol, la, si, ut, ré, mi, fa, sol, la.

Exemple :

CHAPITRE V.

D. Dites comment elles sont posées.

R. Le *mi* est au-dessous de la portée ; le *fa* est sur la première ligne ; le *sol* est entre la première et la seconde ligne ; le *la* est sur la seconde ; le *si* est entre la seconde et la troisième ; l'*ut* est sur la troisième ; le *ré* est entre la troisième et la quatrième ; le *mi* est sur la quatrième ; le *fa* est entre la quatrième et la cinquième ; le *sol* est sur la cinquième ; le *la* est au-dessus de la portée.

D. Combien y a-t-il de notes basses au-dessous de la portée et qui s'écrivent, à la clef d'*ut*, au moyen des lignes supplémentaires ?

R. Il n'y en a que deux ; l'*ut* et le *ré*.

Exemple :

D. Dites comment ces deux notes sont posées.

R. L'*ut* a une ligne supplémentaire, et il est posé au-dessous ; le *ré* a aussi une ligne supplémentaire, mais il est posé dessus.

D. Combien y a-t-il de notes hautes au-dessus de la portée et qui s'écrivent à la clef d'*ut*, au moyen de lignes supplémentaires ?

R. Il y en a sept dont on se sert assez communément, mais il peut y en avoir davantage.

D. Dites comment on les nomme.

R. *Si, ut, ré, mi, fa, sol* et *la*.

D. Comment les écrit-on ?

R. Le *si* a une ligne supplémentaire, et il est posé dessus ; l'*ut* a une ligne, mais il est au-dessus ; le *ré* a deux lignes, et il est

NOTES A LA CLEF D'UT.

posé dessus; le *mi* a deux lignes, mais il est au-dessus; le *fa* a trois lignes supplémentaires, et il est dessus; le *sol* a aussi trois lignes, mais il est au-dessus; le *la* a quatre lignes et il est posé dessus.

Exemple:

si ut ré mi fa sol la

D. Pour quel instrument se sert-on de la clef d'*ut* sur la troisième ligne?

R. Pour l'alto seulement.

CHAPITRE VI.

DES SIGNES EMPLOYÉS POUR REPRÉSENTER LA DURÉE DES DEGRÉS DE LA GAMME.

D. Qui a donné les noms aux sept degrés de la gamme?

R. Les six premiers noms furent inventés, dans le onzième siècle, par un moine, nommé selon les uns, Guy Arétin, et, selon les autres, Guy d'Arrezzo. Guy les a formés en prenant la première syllabe des six premiers vers d'un hymne latin; quant au septième nom, le *si*, il fut ajouté long-temps après par un musicien nommé Le Maire.

D. Quels sont les signes que l'on emploie pour représenter la durée des degrés de la gamme et combien y en a-t-il?

R. On emploie sept signes différens que l'on nomme *ronde*,

CHAPITRE VI.

blanche, *noire*, *croche*, *double croche*, *triple croche*, et *quadruple croche*.

D. Comment écrit-on ces signes?

R. La *ronde* est faite comme un *o*, O ; la *blanche* est aussi un *o* auquel on a ajouté une queue ♩ ; la *noire* est un point noir qui a aussi une queue ♩ ; la *croche* est faite comme la noire, à l'exception qu'elle a un crochet ♪ ; la *double croche* a deux crochets ♬ ; la *triple croche* a trois crochets ♬ , et la *quadruple croche* a quatre crochets ♬. Lorsque l'on écrit plusieurs croches de suite, au lieu de mettre un crochet à chaque note, on peut les joindre ensemble par une forte barre ♫. Il en est de même à l'égard des doubles, triples et quadruples croches.

Exemple :

CHAPITRE VII.

DE LA VALEUR DES NOTES.

D. Quelle est la valeur de la *ronde ?*

R. La *ronde* est le plus fort de tous les signes employés pour exprimer la durée des différens degrés de la gamme. Ainsi la ronde vaut deux blanches, ou quatre noires, ou huit croches, ou seize doubles croches, ou trente-deux triples croches, ou enfin soixante-quatre quadruples croches.

VALEUR DES NOTES.

Exemple:

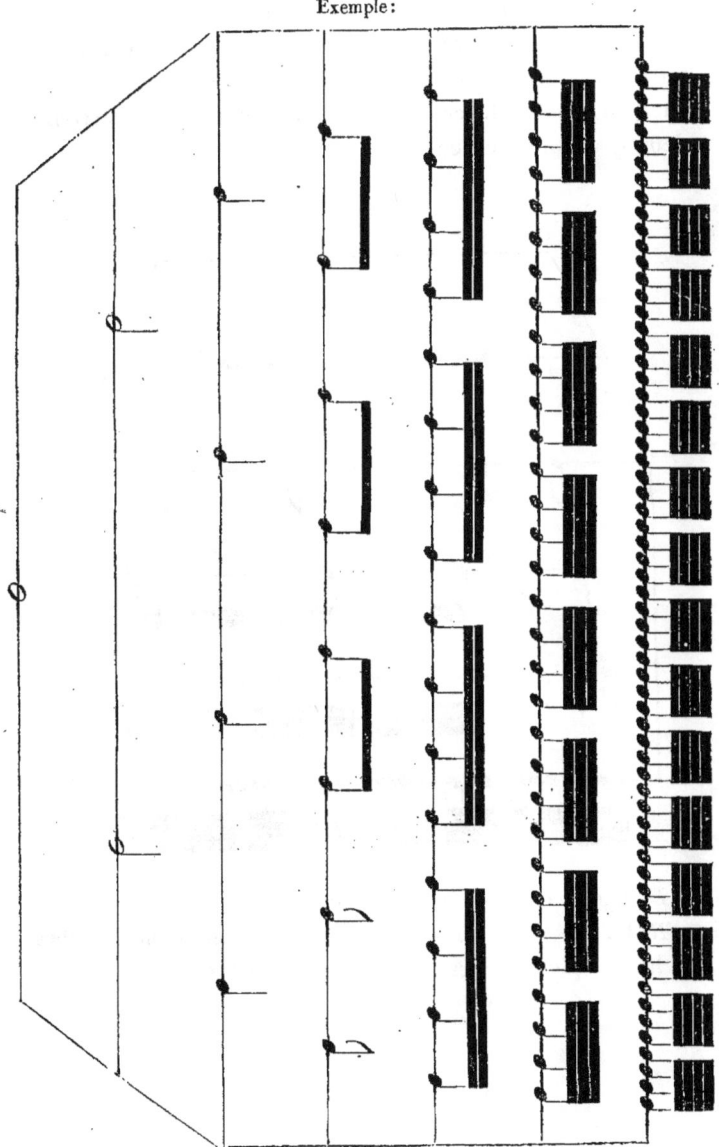

28 CHAPITRE VII.

D. Quelle est la valeur de la *blanche*?

R. La valeur de la *blanche* est de moitié moindre que celle de la ronde. Ainsi une blanche vaut deux noires, ou quatre croches, ou huit doubles croches, ou seize triples croches, ou trente-deux quadruples croches.

Exemple:

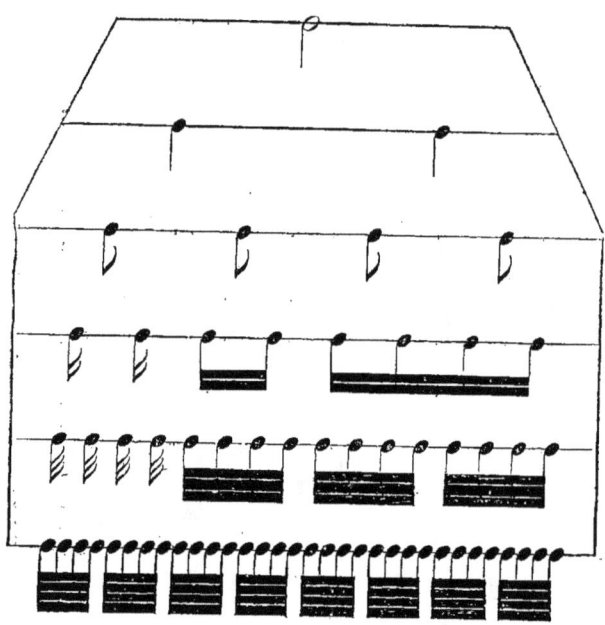

D. Quelle est la valeur de la *noire*?

R. La *noire* vaut deux croches, ou quatre doubles croches, ou huit triples croches, ou seize quadruples croches.

VALEUR DES NOTES.

Exemple :

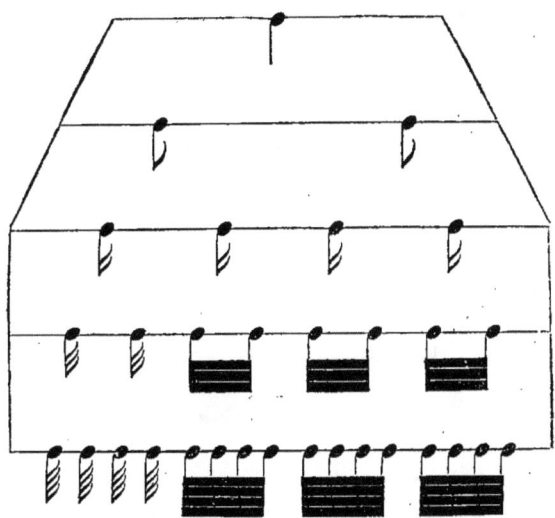

D. Quelle est la valeur de la *croche?*

R. La *croche* vaut deux doubles croches, ou quatre triples croches, ou huit quadruples croches.

Exemple :

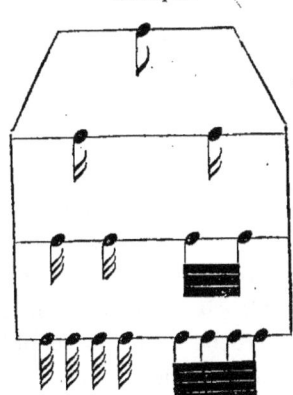

CHAPITRE VII.

D. Quelle est la valeur de la *double croche?*

R. La *double croche* vaut deux triples croches ou quatre quadruples croches.

Exemple:

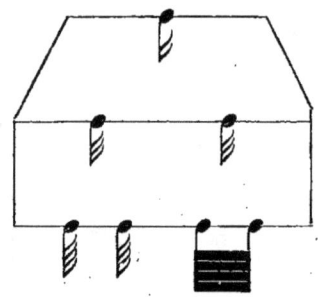

D. Enfin quelle est la valeur de la *triple croche?*
R. La *triple croche* vaut deux quadruples croches.

Exemple:

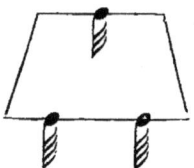

D. Qu'entendez-vous par cette expression: *une ronde vaut deux blanches?*

R. On entend qu'une ronde doit durer autant de temps à elle seule que dureraient ensemble deux blanches, ou quatre noires, ou huit croches, etc. Ainsi, quand on dit: une ronde vaut deux blanches, une blanche vaut deux noires, une noire vaut deux croches, une croche vaut deux doubles croches, une double croche vaut deux triples croches, une triple croche

VALEUR DES NOTES.

vaut deux quadruples croches; c'est comme si l'on disait : une ronde dure autant à elle seule que deux blanches ensemble, une blanche dure autant que deux noires, une noire dure autant que deux croches, une croche dure autant que deux doubles croches, une double croche dure autant que deux triples croches, une triple croche dure autant que deux quadruples croches.

Exemple :

D. Qu'est-ce que les *triolets ?*

R. On entend par *triolets* ou *trois-pour-deux*, trois notes qui n'entrent dans la mesure que pour la valeur de deux. On reconnaît ordinairement les *triolets* à un petit 3 placé au-dessus de chaque ensemble de trois notes. Cependant beaucoup d'auteurs négligeant de marquer ce 3, ce n'est que par l'usage que les élèves pourront reconnaître les *triolets*.

D. Qu'entend-on par *six-pour-quatre ?*

R. On entend par *six-pour-quatre*, six notes qui n'entrent dans la mesure que pour la valeur de quatre. On les indique ordinairement par un petit 6 placé au-dessous de chaque ensemble. Cependant beaucoup d'auteurs négligeant de marquer ce 6, ce n'est aussi que par l'usage que les élèves apprendront à les reconnaître.

CHAPITRE VIII.

DES SILENCES.

D. Qu'entend-on par *silences ?*

R. On entend par *silences* des signes qui servent à représenter le vide de la valeur des sept notes, c'est-à-dire des ronde blanche, noire, croche, etc. Ainsi, lorsqu'on veut rester sans jouer pendant l'espace de temps que durerait une ronde, ou une blanche, ou une noire, on emploie les signes équivalant à ces notes, et l'on reste sur ces signes aussi long-temps que l'on resterait sur les notes qu'ils représentent.

D. Combien y a-t-il de silences?

R. Il y en a sept, autant que de différentes valeurs de notes, dont on se sert à chaque instant dans le courant d'un morceau.

D. Comment les nomme-t-on?

R. Pause, demi-pause, soupir, demi-soupir, quart de soupir, demi-quart de soupir et *seizième de soupir.*

D. Comment les écrit-on ?

R. La *pause* est un petit trait que l'on place ordinairement au-dessous de la quatrième ligne, mais qui peut se placer également au-dessous d'une autre ligne. La *demi-pause* est faite comme la pause, mais se place au-dessus de la troisième ligne. Elle ne s'emploie jamais que dans la grande mesure à deux temps, où elle vaut la moitié de la mesure. Le *soupir* est un crochet qui regarde à droite ; le *demi-soupir* est un crochet tourné à gauche; le *quart de soupir* a deux crochets; le *demi-quart de soupir* a trois crochets, et le *seizième de soupir* en a quatre.

DES SILENCES.   33

Exemple :

pause demi-pause soupir demi- quart de demi-quart seizième
                           soupir soupir   de soupir   de soupir

D. Quelle est la valeur des silences ?

R. La pause, étant le plus fort des silences, représente nécessairement la ronde, qui est la plus forte valeur des notes. Cependant il ne serait pas exact de dire que la pause vaut une ronde, puisqu'on emploie ce signe indistinctement dans toutes les mesures, dans la mesure à deux temps comme dans celle à trois temps, dans la mesure où il faut une ronde comme dans celle où il ne faut qu'une blanche. On doit dire : la pause vaut une mesure entière, quelle qu'elle soit ; la demi-pause représente une blanche, mais ne s'emploie que dans la grande mesure à deux temps ; le soupir représente une noire, le demi-soupir représente une croche, le quart de soupir représente une double croche, le demi-quart de soupir représente une triple croche et le seizième de soupir représente une quadruple croche ; ou, autrement et mieux encore : la pause est le silence d'une mesure entière, la demi-pause est le silence d'une blanche, le soupir est le silence d'une noire, le demi-soupir est le silence d'une croche, le quart de soupir est le silence d'une double croche, le demi-quart de soupir est le silence d'une triple croche, et le seizième de soupir est le silence d'une quadruple croche.

CHAPITRE VIII.

1ᵉʳ Exemple :

vaut une mesure entière.

2ᵉ Exemple :

Valeur de la pause dans les différentes mesures.

D. Que doit-on remarquer dans la forme de ces signes?

R. On doit remarquer que les quatre derniers silences ont autant de crochets que la valeur de note dont ils tiennent la place a de crochets ou de barres. En effet, le demi-soupir a un crochet et représente la croche, qui a aussi un crochet ; le quart de soupir a deux crochets et représente la double croche, qui a aussi deux crochets ; le demi-quart de soupir a trois crochets et représente la triple croche, qui a aussi trois crochets ; enfin le seizième de soupir a quatre crochets et représente la quadruple croche, qui a aussi quatre crochets. Quant au soupir, quoiqu'il n'ait qu'un crochet comme le demi-soupir, il est cependant facile à distinguer, en ce qu'il est le seul de tous les signes de silence à crochets qui soit tourné de droite à gauche.

D. Y a-t-il encore d'autres silences?

DES SILENCES.   35

R. Oui, il y en a encore deux, dont on se sert plus rarement.

D. Quels sont-ils?

R. Je nomme le premier *silence de deux mesures*, et le second *silence de quatre mesures*.

D. Quelle est leur position?

R. Le silence de deux mesures est une petite barre qui traverse perpendiculairement l'espace compris entre la troisième et la quatrième lignes. Le silence de quatre mesures est une barre plus longue qui part de la seconde ligne, traverse la suivante et va aboutir à la quatrième.

Exemple :

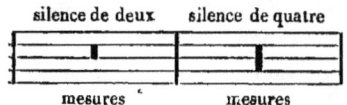

Au moyen de ces deux signes et de la pause, on peut marquer en silences autant de mesures qu'on veut.

Exemple :

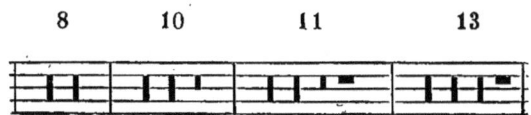

CHAPITRE IX.

DU POINT.

D. Où se place le *point ?*
R. Toujours après la note.

D. Quelle est la valeur du *point?*
R. Le *point* vaut la moitié de la note qui le précède. Ainsi le point d'une blanche vaut une noire, le point d'une noire vaut une croche, le point d'une croche vaut une double croche, le point d'une double croche vaut une triple croche, et le point d'une triple croche vaut une quadruple croche.

D. Qu'entend-on par *blanche pointée, noire pointée,* etc. ?
R. On entend la blanche compris son point.

D. Quelle est la valeur de la blanche pointée?
R. La blanche pointée vaut trois noires, la noire pointée vaut trois croches, la croche pointée vaut trois doubles croches, la double croche pointée vaut trois triples croches, et la triple croche pointée vaut trois quadruples croches.

D. Peut-on mettre un point après la ronde?
R. Non; la ronde étant la plus forte des valeurs, remplit à elle seule la plus grande des mesures, et elle ne peut pas être augmentée; ainsi il n'y a pas de ronde pointée.

D. Peut-on placer le point après les silences?
R. Oui, on pourrait mettre le point après tous les divers silences, à l'exception de la pause, qui, comme la ronde, ne peut être augmentée. Cependant il n'est pas d'usage d'employer le point après la demi-pause, ni après le soupir; on s'en sert même rarement après le demi-soupir. On ne le rencontre guère

qu'après le quart de soupir et le demi-quart de soupir. Au reste, on obtient le même résultat en se servant seulement des signes des silences.

Exemple:

D. Ne met-on pas aussi quelquefois deux points de suite?

R. Oui, on peut augmenter la valeur du premier point par un second point; et alors ce second point a la moitié de la valeur du premier. Ainsi le point d'après une noire valant une croche, le second point vaut une double croche, et une noire doublement pointée vaut trois croches et une double croche.

Exemple:

CHAPITRE X.

DU MOT TON.

D. Qu'est-ce que l'on entend par le mot *ton?*
R. Le mot *ton* a en musique trois acceptions différentes.

1° Par *ton*, on entend un *son* considéré dans son rapport d'élévation avec d'autres *sons*. Le *ton* est grave ou aigu; il est plus ou moins élevé, plus ou moins éloigné d'un autre; figurément haut ou bas; il est faux ou juste.

Exemple:

Ces *tons* sont faux; ce *ton* est juste; ce *ton* est trop haut ou trop bas.

2° Un *ton* est aussi, non pas comme on le dit, l'intervalle[1], mais la distance de deux demi-tons, qui se trouve entre un *ton* et un autre *ton*, pris dans le premier sens.

Exemple:

De la tonique à la seconde, il y a un *ton*.

3° Le mot *ton* est encore la dénomination d'un degré d'élévation relative, dans lequel on joue sur un instrument; en ce sens, il reçoit son nom de la note qui est la principale et sur laquelle roule, pour ainsi dire, le chant.

Exemple:

Le *ton* d'ut, le *ton* de ré.

En composition, on dit un *ton* à la quarte, à la quinte; c'est-à-dire dont la note principale ou tonique est la quarte ou la quinte du ton précédent, ou de départ.

(1) Car l'intervalle est le vide de la chose.

DU MOT TON.

D. Quelle différence y a-t-il entre *le ton* et *l'intonation?*

R. Le *ton* est le degré d'élévation relative; *l'intonation* est l'arrivée même à ce *ton.*

Ainsi l'on dit d'une personne qui solfie, qu'elle connaît bien ses intonations, qu'elle trouve facilement ses intonations, ce n'est pas là l'intonation de ce degré de la gamme.

CHAPITRE XI.

DE LA POSITION RESPECTIVE DES DEGRÉS DE LA GAMME.

D. Les huit degrés de la gamme n'ont-ils pas chacun un nom propre?

R. Oui; le premier s'appelle *tonique*, le deuxième *seconde*, le troisième *tierce*, le quatrième *quarte*, le cinquième *quinte*, le sixième *sixte*, le septième *septième*, ou *note sensible*, et le huitième *octave*.

Exemple:

tonique seconde tierce quarte quinte sixte septième octave

ou note sensible

D. Y a-t-il plusieurs gammes différentes?

R. Il y en a de deux sortes: la gamme *majeure* et la gamme *mineure*, qui diffèrent entre elles par l'arrangement des tons et des demi-tons.

D. Comment sont placés les cinq tons et les deux demi-tons qui forment la gamme majeure?

R. De la tonique à la seconde, un ton; de la seconde à la

CHAPITRE XI.

tierce, un ton; de la tierce à la quarte, un demi-ton; de la quarte à la quinte, un ton; de la quinte à la sixte, un ton; de la sixte à la septième, un ton; et de la septième à l'octave, un demi-ton. Ainsi, dans la gamme d'ut majeur, les deux demi-tons se trouvent du *mi*, troisième degré, au *fa*, quatrième degré, et du *si*, septième degré, à l'*ut*, huitième degré, ou octave.

Exemple:

D. En quoi consiste la différence de la gamme majeure avec la gamme mineure?

R. Dans le placement des deux demi-tons, qui sont, dans la gamme majeure, de la tierce à la quarte et de la septième à l'octave; au lieu que dans la gamme mineure, ces demi-tons sont placés, savoir : le *premier*, de la seconde à la tierce, et le *second*, de la septième à l'octave, comme dans la gamme majeure en montant; mais il n'en est pas de même en descendant la gamme mineure, car le second demi-ton doit-être du cinquième au sixième degré.

Exemple :

Gamme mineure montante :

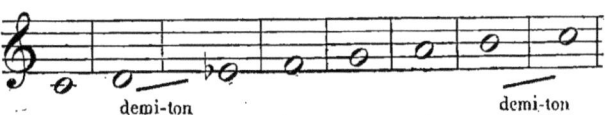

DES DEGRÉS DE LA GAMME.

Gamme mineure descendante :

Il y a une autre manière de monter la gamme mineure, au moyen de trois demi-tons et d'un ton et demi. Le premier demi-ton est toujours placé entre le second et le troisième degré ; le second demi-ton est entre le cinquième et le sixième, et le dernier est entre le septième et l'octave. Par conséquent, il y a un ton et demi entre le sixième et le septième degré.

Exemple :

D. Comment connaît-on si une gamme est majeure ou mineure ?

R. Pour connaître de suite si une gamme est majeure ou mineure, on n'a qu'à examiner la tierce, qui dans le *ton majeur* doit être à deux tons de la tonique, au lieu que dans le *ton mineur* cette tierce ne doit être qu'à un ton et demi.

Exemple :

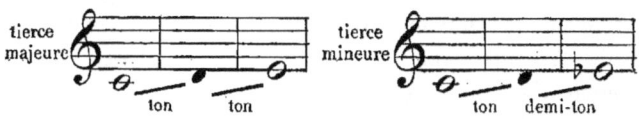

CHAPITRE XI.

D. Qu'entendez-vous par *note sensible?*

R. La *note sensible* est la septième note de la gamme ; elle doit toujours être dans la gamme montante, qu'elle soit majeure ou mineure, à un demi-ton de l'octave, qui n'est elle-même que la tonique ou première note répétée huit degrés plus haut.

CHAPITRE XII.

DES MESURES.

D. Qu'entend-on par *mesure?*

R. On entend l'intervalle compris entre deux traits perpendiculaires, que l'on nomme *barres de mesures.*

Exemple :

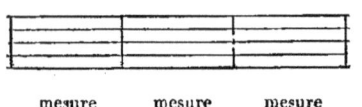

mesure   mesure   mesure

D. Toutes les mesures d'un morceau de musique doivent-elles être égales en valeur?

R. Oui, toutes les mesures d'un morceau doivent avoir une valeur intrinsèque ; c'est-à-dire que si pour former la mesure il faut, par exemple, quatre noires, il faudra nécessairement que chaque mesure représente ces quatre noires. Elles peuvent être divisées en plus ou moins de fractions, mais toutes ces fractions réunies devront toujours former les quatre noires dont se compose la mesure ; et toutes ces mesures, quel que soit le nombre des fractions qui les forment, devront toujours être exécutées uniformément et dans le même laps de temps ; de sorte qu'une mesure composée de soixante-quatre quadruples croches devrait être passée dans le même temps que l'on mettrait à exécuter celle dans laquelle il n'y aurait que quatre noires, ou même une ronde, puisque les quatre noires sont quatre fractions formant une ronde, comme cette même ronde est également représentée par les soixante-quatre fractions des quadruples croches. C'est le pied qui, en battant la mesure, est comme un balancier qui doit régler le mouvement uniformément et sans jamais varier.

D. Y a-t-il plusieurs manières de battre la mesure?

R. Oui, on la bat à deux temps ou à trois temps.

D. Il y a donc plusieurs sortes de mesures?

R. Oui, il y en a de trois sortes. La mesure à deux temps carrés, la mesure à trois temps, et la mesure à six-huit ou à deux temps ronds qui est un composé des deux premières. Celles-ci se subdivisent encore; c'est-à-dire qu'il y a une grande et une petite mesure à deux temps, une grande et une petite mesure à trois temps.

D. Qu'entendez-vous par le mot *temps?*

R. Le *temps* est une fraction de la mesure. La mesure à deux temps se divise en deux parties égales que l'on nomme *temps;* le premier s'appelle *temps frappé*, et le second *temps levé*. La mesure à trois temps se partage en trois parties.

D. Comment bat-on la mesure à deux temps?

R. Le pied frappe sur la première note de la mesure et reste baissé tant que dure le premier temps; il lève ensuite sur la première note du second temps et reste aussi levé tant que dure le second temps, pour frapper ensuite sur la première note de la mesure suivante, partageant ainsi la mesure en deux parties égales.

D. Comment bat-on la mesure à trois temps?

R. La mesure à trois temps se divise, ainsi que l'indique son titre, en trois parties; mais comme le pied ne doit faire que deux mouvemens, celui de frapper et celui de lever, on passe les deux premiers temps en frappant et on lève sur le troisième, c'est-à-dire aux deux tiers de la mesure, divisant ainsi la mesure en deux parties inégales.

D. Où place-t-on les signes qui servent à faire connaître dans quelle mesure un morceau est écrit?

R. On les place après la clef au commencement du morceau; c'est ce qu'on appelle la décoration.

D. Quel est le signe que l'on emploie pour indiquer la grande mesure à deux temps?

R. C'est un **2** ou un ₵.

D. Ne se sert-on pas aussi d'une mesure à quatre temps?

R. La mesure à quatre temps se marque par un **C**, et est absolument la même que celle à deux temps; elles exigent l'une et l'autre la même composition de valeur. Toutes les fois qu'un morceau écrit à l'une de ces deux mesures est d'un mouvement vif, il doit être frappé à deux temps, et l'exécutant doit compter mentalement *un, deux,* en frappant sur *un* et levant sur *deux;* au lieu que lorsque le morceau est d'un mouvement lent, il doit être frappé à quatre temps, et alors l'élève doit dire *un, deux, trois, quatre,* ou mieux *un-deux, un-deux,* en comptant *un-deux* en frappant, *un-deux* en levant. Ainsi l'on doit diviser cette mesure en quatre fractions[1].

D. Quelles valeurs faut-il pour former la grande mesure à deux temps?

R. Pour la grande mesure à deux temps, comme pour

---

(1) Cette dernière division est plus facile pour les commençans, puisqu'au lieu de deux fractions, elle coupe la mesure en quatre fractions, dont chacune a moins de durée. Elle donne plus d'aplomb aux élèves, qui, étant forcés d'exécuter lentement, seraient obligés de rester trop long-temps sur les deux fractions de la mesure battue à deux temps. Aussi les commençans devront-ils toujours battre à quatre temps les grandes et petites mesures à deux temps, jusqu'à ce qu'ils aient acquis un certain aplomb.

DES MESURES.   45.

celle à quatre temps, il faut quatre noires par mesure[1], ou l'équivalent de quatre noires.

D. Combien en faut-il par temps?

R. Il en faut deux par temps; c'est-à-dire deux en frappant et deux en levant.

Exemple :

Grande mesure à deux temps.

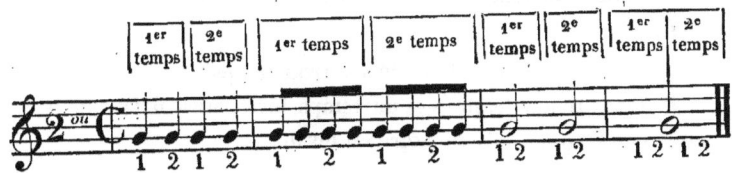

D. Comment indique-t-on la petite mesure à deux temps?

R. Par un *deux* et un *quatre* placés l'un au-dessus de l'autre : $\frac{2}{4}$. Cette mesure s'appelle aussi mesure à *deux-quatre*. Elle se divise en quatre fractions comme la grande mesure à deux temps.

D. Quelles valeurs faut-il pour former cette mesure?

R. Il faut quatre croches.

D. Combien en faut-il par temps?

R. Il en faut deux; c'est-à-dire, deux en frappant et deux en levant.

Exemple:

Petite mesure à deux temps.

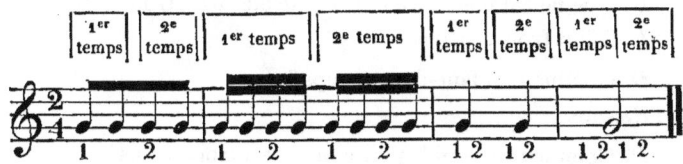

(1) *Mesure* s'entend ici des notes renfermées dans l'intervalle de deux barres.

CHAPITRE XII.

D. Comment reconnaît-on la grande mesure à trois temps?

R. On la reconnaît par un *trois* ou un *trois et un quatre* placés à la clef. Cette mesure se divise en trois fractions ; deux pour frapper et une pour lever. L'élève doit compter mentalement *un, deux, trois; un, deux*, en frappant, et *trois* en levant.

D. Que faut-il pour former la grande mesure à trois temps?
R. Il faut trois noires.

D. Combien en faut-il par temps ?
R. Une.

D. Comment bat-on la mesure à trois temps?
R. Deux temps frappés et un temps levé ; ainsi il faut deux noires en frappant et une noire en levant.

Exemple:

Grande mesure à trois temps.

D. Comment reconnaît-on la petite mesure à trois temps?

R. Par un trois et un huit $\frac{3}{8}$. Cette mesure se nomme indistinctement *petite mesure à trois temps*, ou *mesure à trois-huit*. Elle se divise comme la grande mesure à trois temps.

D. Que faut-il pour former la petite mesure à trois temps ?
R. Il faut trois croches.

D. Combien en faut-il par temps ?
R. Une.

D. Comment bat-on la petite mesure à trois temps ?
R. Comme la grande ; c'est-à-dire deux temps frappés et un

temps levé; ainsi il faut deux croches en frappant et une en levant.

Exemples :

Petite mesure à trois temps.

D. Enfin quel signe emploie-t-on pour désigner la mesure à *six-huit* ou à deux temps ronds?

R. Un six et un huit placés l'un au-dessus de l'autre $\frac{6}{8}$. Cette mesure se divise en six fractions, trois en frappant et trois en levant; ainsi l'élève doit compter mentalement *un, deux, trois* en frappant, et *un, deux, trois* en levant[1].

D. Que faut-il pour former la mesure à six-huit?
R. Six croches.

D. Combien par temps?
R. Trois; c'est-à-dire trois croches en frappant et trois croches en levant.

Exemple :

Mesure à six-huit.

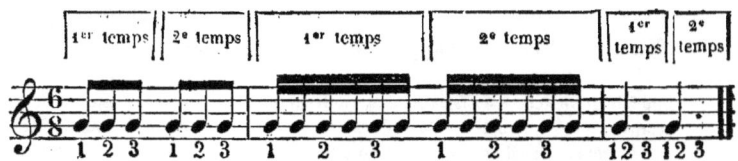

(1) Cependant cette manière de couper la mesure à *six-huit* n'est que préparatoire et pour donner plus de facilité dans l'exécution aux commençans, car

D. N'y a-t-il que ces cinq mesures?

R. Non, on ne se sert plus que de ces cinq mesures, qui n'en forment réellement que trois : la mesure à deux temps carrés, celle à trois temps, et la mesure à six huit, où à deux temps ronds.

D. Qu'y a-t-il à remarquer sur les divers temps d'une mesure?

R. Qu'il y en a de plus sensibles que d'autres, quoique de valeurs égales. Le temps qui marque davantage s'appelle *temps fort*, celui qui marque moins s'appelle *temps faible*. Les temps forts sont : le premier dans la mesure à deux temps ; le premier et le troisième dans la mesure à trois temps. Quant au second temps, il est toujours faible dans toutes les mesures. On peut subdiviser chaque temps en deux autres parties égales, et l'on aura de même un *demi-temps fort* et un *demi-temps faible*.

CHAPITRE XIII.

DE L'EXÉCUTION DES SILENCES.

D, Comment exécute-t-on les *silences?*

R. On doit prononcer à voix basse la syllabe *un* vis-à-vis de chaque silence, et rester sur cette syllabe aussi long-temps qu'on resterait sur la valeur de la note que représente ce signe. C'est ce qu'on appelle compter un silence[1].

une fois qu'ils sont assez fermes, il ne doivent plus voir qu'une mesure à deux temps et compter simplement *un, deux; un* en frappant et *deux* en levant. Mais je le répète, ce ne doit être qu'au bout d'un certain temps, lorsqu'ils auront exécuté beaucoup de musique écrite sur cette mesure et lorsqu'ils auront acquis un certain aplomb.

(1) Pour que la durée du *silence* puisse être calculée, il faut nécessairement se le figurer ; et comment le faire, si ce n'est en lui substituant en soi-même un son

DE L'EXÉCUTION DES SILENCES. 49

D. Comment compte-t-on les silences dans la grande mesure à deux temps?

R. On compte la *pause* en disant : *un, deux, trois, quatre,* ou mieux : *un-deux, un-deux,* parce que la pause formant toute la mesure qui se divise en quatre fractions, représente nécessairement ces quatre fractions qui sont quatre noires.

On compte la *demi-pause* en disant *un, deux,* puisque ce signe remplace une blanche, ou plutôt deux noires, car il faut tout réduire en quatre fractions. La demi-pause ne s'emploie que dans la grande mesure à deux temps.

Depuis le *soupir* jusqu'au *seizième de soupir,* on dit *un* vis-à-vis chacun de ces silences, en ne restant sur chaque silence que le temps que l'on emploierait à exécuter la note qu'il représente.

Exemple :

D. Comment compte-t-on les silences dans la petite mesure à deux temps?

R. La pause se compte comme dans la grande mesure ; car la petite mesure se divisant comme la grande en quatre fractions, la pause représente nécessairement ces quatre fractions, qui sont quatre croches.

---

une syllabe quelconque. C'est faute de vouloir en agir ainsi, et même de se douter qu'il le faut, que l'on exécute généralement si mal cette partie muette de la musique. Et il y a plus, c'est que tous ceux à qui le hasard et l'habitude ont fait réussir à mesurer la valeur des silences, font également en eux-mêmes cette substitution sans le savoir.

Combien d'opérations mentales ont ainsi lieu en nous sans que nous les apercevions, sans même que nous nous doutions de leur possibilité !

CHAPITRE XIII.

On compte le soupir en disant *un, deux;* car le soupir vaut une noire, ou plutôt deux croches, puisque nous devons, ainsi que dans la grande mesure, réduire tout en quatre fractions. Les autres silences se comptent comme dans la grande mesure.

Exemple :

D. Comment compte-t-on les silences dans la grande mesure à trois temps?

R. La mesure à trois temps se divisant en trois fractions, on doit compter la pause en disant : *un, deux, trois;* les autres silences se comptent comme dans la grande mesure à deux temps.

Exemple :

D. Comment compte-t-on les silences dans la petite mesure à trois temps?

R. La pause se compte comme dans la précédente, en disant : *un, deux, trois*. Le soupir, qui vaut une noire, ou plutôt deux croches, puisqu'il faut réduire tout en trois fractions, se compte en disant : *un, deux*. Quant aux autres silences, ils se comptent comme dans les précédentes mesures.

DE L'EXÉCUTION DES SILENCES.   51

Exemple :

D. Comment compte-t-on les silences dans la mesure à six-huit?

R. Quoique cette mesure se compose de six fractions, on ne doit cependant compter la pause que comme dans une mesure à deux temps, en disant: *un, deux*, *un* en frappant, et *deux* en levant. Le soupir se compte en disant : *un, deux,* parce qu'il représente deux croches, puisque l'on doit réduire cette mesure en six fractions qui sont représentées par six croches. Les autres silences se comptent comme dans les autres mesures.

Exemple :

Ainsi, pour bien exécuter les silences, il faut se rappeler la division de chaque espèce de mesure.

Les mesures à deux temps se divisent en quatre fractions; les mesures à trois temps se divisent en trois fractions, et la mesure à six-huit en six fractions.

D. Qu'y a-t-il encore à remarquer sur les silences?

R. Il faut distinguer deux sortes de silences, ceux de devant la note et ceux d'après la note. Tout silence d'avant la note doit être considéré comme faisant partie d'un ensemble, parce qu'il forme la subdivision forte et la note la subdivision faible.

CHAPITRE XIII.

Exemples :

Ensemble de quatre égales, un silence et trois notes :

Ensemble d'une longue et deux brèves :

Ensemble de quatre égales, un silence et une note :

On doit considérer le silence placé après la note comme ne faisant qu'une seule et même valeur avec la note qui précède. Dans les grandes mesures on ne doit voir dans une croche suivie d'un demi-soupir (ou pour mieux dire, d'un silence de croche) qu'une noire sèche, c'est-à-dire une noire diminuée, abrégée ; on doit regarder enfin une suite de croches suivies de silences pareils, comme une suite de noires sèches, et ayant entre elles des vides pris sur la fin de la note précédente, dont chacune ne se prolonge pas jusqu'à la suivante. Ces silences ne se comptent pas.

DE L'EXÉCUTION DES SILENCES. 53

Exemples :

Effet

Effet

CHAPITRE XIV.

DE LA SYNCOPE.

D. Qu'est-ce que la *syncope* ?

R. La *syncope* consiste à faire sentir le milieu ou le tiers d'une note qui appartient à deux temps ou à deux demi-temps, ou à deux quarts de temps ; ou bien la jonction de la dernière note d'une mesure avec la première de la mesure suivante, de sorte qu'une note syncopée doit être considérée comme une réunion de deux notes dont on fait sentir le point de jonction par un renforcement au commencement de la seconde, après un affaiblissement à la fin de la première.

Avec la voix ainsi qu'avec les instrumens dont les sons peuvent se soutenir, s'affaiblir et s'enfler, la syncope se marque par un renforcement à la suite d'une diminution ; aux autres instrumens, ce renforcement s'exécute intérieurement. En général, la note syncopée se trouve être une longue entre deux brèves, comme une blanche entre deux noires, une noire entre deux cro-

54 CHAPITRE XIV.

ches, etc.; ou bien plusieurs longues de suite entre deux brèves.

Exemple :

DE LA SYNCOPE. 55

D. Toute note longue entre deux brèves doit donc être syncopée?

R. Non, puisqu'il se trouve souvent dans les différentes mesures des longues placées ainsi et qui pour cela n'appartiennent pas à deux temps ou à deux subdivisions de temps, comme on peut le voir dans les exemples suivans :

RÈGLE GÉNÉRALE.

Une longue entre deux brèves doit être syncopée lorsqu'elle appartient à deux temps ou à deux subdivisions de temps.

Plusieurs longues entre deux brèves doivent toujours être syncopées.

On doit syncoper une note pointée dans les grande et petite mesures à deux temps, lorsque le point vaut un demi-temps ou un quart de temps.

On ne syncope une note pointée dans les mesures à trois temps que lorsque le point vaut un temps ou un demi-temps.

On ne syncope jamais la note pointée dans la mesure à six-huit.

CHAPITRE XV.
ANALYSES[1].

MODÈLE D'ANALYSE
DE LA GRANDE MESURE A DEUX TEMPS.

PREMIÈRE MESURE.

Je frappe sur l'*ut* blanche, qui vaut deux noires qui forment mon premier temps. Je lève sur le *ré* noire; le point suivant vaut une croche, avec une seconde croche, cela forme

---

(1) La parfaite exécution de ces analyses est un point très important dans l'étude de la musique; les élèves ne peuvent donc trop s'y attacher; de son côté le maître devra tenir la main à ce que ses écoliers en fassent alternativement sur les cinq mesures, en commençant par des airs de valeurs très simples et allant toujours par gradation jusqu'aux morceaux les plus compliqués; il devra enfin exiger qu'ils en fassent aussi long-temps qu'il pourra être nécessaire et jusqu'à ce qu'ils soient arrivés à ce point de pouvoir dire au premier coup d'œil sans hésiter, et dans les mesures les plus compliquées : *je frappe ici et je lève là*. Alors, mais seulement alors, il pourra faire commencer les exercices de la seconde partie.

Néanmoins, pendant que les élèves feront ces analyses, ils pourront continuer à apprendre par cœur le reste de la première partie de cette méthode.

ANALYSES.

une noire qui, avec la première noire, font mon second temps.

DEUXIÈME MESURE.

Je frappe sur le *mi* blanche, qui vaut deux noires qui forment mon premier temps. Je lève sur le point, qui vaut une noire, ce qui avec la noire suivante forme mon second temps.

TROISIÈME MESURE.

Je frappe sur le *la* noire, qui avec la noire suivante forme mon premier temps. Je lève sur l'*ut* noire, qui, avec les deux croches suivantes qui valent aussi une noire, forment mon second temps.

QUATRIÈME MESURE.

Je frappe sur l'*ut* noire. Les quatre doubles croches suivantes valent deux croches ou une noire, ce qui fait deux noires qui forment mon premier temps. Je lève sur le *si* noire, qui avec la noire suivante fait mon second temps.

CINQUIÈME MESURE.

Je frappe sur le *mi* blanche qui vaut deux noires, qui font mon premier temps. Je lève sur le *ré* croche, qui avec une seconde croche vaut une noire. Les deux croches suivantes valent aussi une noire, ce qui fait deux noires qui forment mon second temps.

SIXIÈME MESURE.

Je frappe sur l'*ut* blanche qui vaut deux noires, qui forment mon premier temps. Je lève sur le point qui vaut une noire. Les deux croches suivantes valent aussi une noire ; ce qui fait deux noires qui forment mon second temps.

SEPTIÈME MESURE.

Je frappe sur le *ré* noire, qui avec la noire suivante forme mon premier temps. Je lève sur le *la* noire, qui avec la noire suivante fait mon second temps.

CHAPITRE XV.

HUITIÈME MESURE.

Je frappe sur le *sol* blanche, qui vaut deux noires qui forment mon premier temps. Je lève sur la demi-pause, qui vaut une blanche ou deux noires, qui forment mon second temps.

MODÈLE D'ANALYSE

DE LA PETITE MESURE A DEUX TEMPS[1].

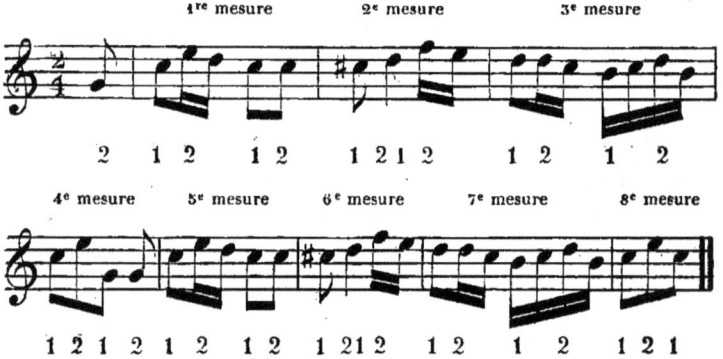

Cette phrase commence par une mesure incomplète, puisqu'elle ne contient qu'une seule croche, au lieu de quatre qu'il faudrait pour la mesure entière ou de deux pour la demi-mesure. Ainsi on ne doit ni battre ni lever dans cette mesure. Cette phrase commence à moitié du second temps, c'est-à-dire après avoir levé.

PREMIÈRE MESURE.

Je frappe sur l'*ut* croche. Les deux doubles croches suivantes

---

(1) Pendant tout le temps que dureront les analyses, il est indispensable que le maître fasse chaque jour, avant de commencer, les questions suivantes, en indiquant le morceau que l'on doit analyser : — Quelle est cette mesure ? — Que faut-il pour composer cette mesure ? — Que faut-il par temps ? — Comment se bat cette mesure ? — Comment la marque-t-on ?

valent une croche, ce qui fait deux croches qui forment mon premier temps. Je lève sur l'*ut* croche qui avec la seconde croche forme mon second temps.

DEUXIÈME MESURE.

Je frappe sur l'*ut* croche; je prends la moitié de la noire, qui est une syncope: cette moitié vaut une croche, ce qui fait, avec la première croche, mon premier temps. Je lève sur la seconde moitié de la noire, qui vaut une croche, avec les deux doubles croches qui valent aussi une croche, ce qui fait mon second temps.

TROISIÈME MESURE.

Je frappe sur le *ré* croche, qui, avec les deux doubles croches suivantes qui valent une croche, forme mon premier temps; je lève sur le *si* double croche, qui avec la suivante forme une croche; les deux autres doubles croches formant aussi une croche, cela fait mes deux croches, qui forment mon second temps.

QUATRIÈME MESURE.

Je frappe sur l'*ut* croche, qui avec la croche suivante forme mon premier temps. Je lève sur le *sol* croche, qui avec la croche suivante forme mon second temps.

CINQUIÈME MESURE.

Je frappe sur l'*ut* croche; les deux doubles croches suivantes valent une croche, cela fait deux croches qui forment mon premier temps. Je lève sur l'*ut* croche, qui avec la seconde croche forme mon second temps.

SIXIÈME MESURE.

Je frappe sur l'*ut* croche; je prends la moitié de la noire; cette moitié vaut une croche, ce qui fait mon premier temps. Je lève sur la seconde moitié de la noire, qui vaut une croche, avec les deux doubles croches qui valent aussi une croche, ce qui fait mon second temps.

SEPTIÈME MESURE.

Je frappe sur le *ré* croche, qui avec les deux doubles croches suivantes qui valent aussi une croche, forme mon premier temps. Je lève sur le *si* double croche, qui avec la suivante forme une croche ; les deux autres doubles croches formant aussi une croche, cela fait mes deux croches qui forment mon second temps.

HUITIÈME MESURE.

Je frappe sur l'*ut* croche, qui avec la suivante forme mon premier temps. Je lève sur l'*ut* croche.

Il manque la valeur d'une croche pour compléter le second temps, et ce complément se trouve en prenant la croche de la mesure incomplète qui commence la phrase.

MODÈLE D'ANALYSE
DE LA GRANDE MESURE A TROIS TEMPS.

Cette phrase commence par une mesure incomplète, puisqu'elle ne contient qu'une noire, au lieu de trois qu'il faudrait

ANALYSES.

pour toute la mesure; ainsi on commence sur le troisième temps, c'est-à-dire en levant. Je lève donc sur la croche; le point vaut une double croche qui avec la double suivante forme une croche, ce qui fait avec la première croche deux croches qui valent une noire et forment mon troisième temps.

PREMIÈRE MESURE.

Je frappe sur l'*ut* noire, qui fait mon premier temps; la seconde noire fait mon second temps; je lève sur le *sol*, qui est une croche; le point vaut une double croche qui, avec la double croche suivante, forme une croche, ce qui fait deux croches qui font mon second temps.

DEUXIÈME MESURE.

Je frappe sur le *mi* noire, qui fait mon premier temps; la seconde noire forme mon second temps. Je lève sur l'*ut*, qui est une croche; le point vaut une double croche, qui avec la double croche suivante forme une croche: ce qui fait deux croches qui forment mon second temps.

TROISIÈME MESURE.

Je frappe sur le *fa* noire, qui fait mon premier temps. La seconde noire fait mon second temps; je lève sur la troisième noire, qui fait mon troisième temps.

QUATRIÈME MESURE.

Je frappe sur le *ré* blanche, qui fait mes deux premiers temps, et je lève sur le soupir qui vaut une noire qui forme mon second temps.

CINQUIÈME MESURE.

Je frappe sur le *sol* croche qui avec la croche suivante forme une noire qui fait mon premier temps; les deux croches suivantes valent une noire qui fait mon second temps; enfin je lève sur le *ré* croche, qui avec la dernière croche forme une noire qui fait mon troisième temps.

CHAPITRE XV.

SIXIÈME MESURE.

Je frappe sur le *fa* noire, qui fait mon premier temps; le point de la noire, qui vaut une croche, avec la croche suivante forme une seconde noire qui fait mon second temps, et je lève sur l'*ut* croche qui avec la dernière croche forme une noire qui fait mon troisième temps.

SEPTIÈME MESURE.

Je frappe sur le *si* noire, qui fait mon premier temps; je prends la moitié de la blanche qui est une syncope, pour faire mon second temps, et je lève à la seconde moitié de cette blanche.

HUITIÈME MESURE.

Je frappe sur l'*ut* blanche qui vaut deux noires qui forment mes deux premiers temps; il manque la valeur d'une noire pour compléter la mesure, et ce complément se trouve au commencement de la phrase.

MODÈLE D'ANALYSE

DE LA PETITE MESURE A TROIS TEMPS.

ANALYSES.

PREMIÈRE MESURE.

Je frappe sur l'*ut* noire, qui vaut deux croches qui forment mes deux premiers temps; je lève sur le point, qui vaut une croche et qui fait mon troisième temps.

DEUXIÈME MESURE.

Je frappe sur le *sol* noire, qui vaut deux croches qui forment mes deux premiers temps; je lève sur le point, qui vaut une croche et qui fait mon troisième temps.

TROISIÈME MESURE.

Je frappe sur le *mi* croche qui fait mon premier temps; la seconde croche fait mon second temps, et je lève sur la dernière croche qui fait mon troisième temps.

QUATRIÈME MESURE.

Je frappe sur l'*ut* croche qui fait mon premier temps; le point qui vaut une double croche, et la double croche suivante forment une croche qui fait mon second temps; et je lève sur la dernière croche qui fait mon troisième temps.

CINQUIÈME MESURE.

Je frappe sur le *ré* croche qui fait mon premier temps. Le point qui vaut une double croche, avec la double croche suivante font deux doubles croches, qui valent une croche : ce qui fait mon second temps. Je lève sur le *si* double croche qui, avec la dernière double croche, fait deux doubles croches qui valent une croche qui forme mon troisième temps.

SIXIÈME MESURE.

Je frappe sur le *sol* noire, qui vaut deux croches qui font mes deux premiers temps, et je lève sur la croche qui fait mon dernier temps.

SEPTIÈME MESURE.

Je frappe sur le *fa* croche qui fait mon premier temps; les

64 CHAPITRE XV.

deux doubles croches suivantes valent une croche qui fait mon second temps, et je lève sur la dernière croche qui fait mon troisième temps.

HUITIÈME MESURE.

Je frappe sur le *ré* noire, qui vaut deux croches qui forment mes deux premiers temps, et je lève sur le demi-soupir qui vaut une croche et qui fait mon troisième temps.

MODÈLE D'ANALYSE
DE LA MESURE A SIX-HUIT.

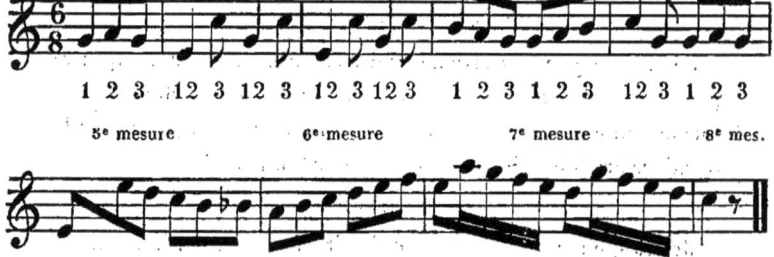

Cette phrase commence en levant, puisqu'il n'y a que trois croches.

Ainsi je lève sur le *sol* croche, qui, avec les deux suivantes, fait trois croches qui font mon second temps.

PREMIÈRE MESURE.

Je frappe sur le *mi* noire, qui vaut deux croches, ce qui fait, avec la suivante, trois croches qui forment mon premier temps. Je lève sur le *sol* noire, qui vaut deux croches, ce qui fait aussi, avec la suivante, trois croches qui forment mon second temps.

ANALYSES.

DEUXIÈME MESURE.

Comme la première.

TROISIÈME MESURE.

Je frappe sur le *si* croche, qui, avec les deux suivantes, forme mon premier temps. Je lève sur le *sol* croche, qui, avec les deux suivantes, forme mon second temps.

QUATRIÈME MESURE.

Je frappe sur l'*ut* noire qui vaut deux croches ; ce qui forme avec la croche suivante mon premier temps. Je lève sur le *sol* croche, qui avec les deux autres croches forme mon second temps.

CINQUIÈME MESURE.

Je frappe sur le *mi* croche, qui avec les deux suivantes forme mon premier temps. Je lève sur l'*ut* croche, qui avec les deux dernières croches forme mon troisième temps.

SIXIÈME MESURE.

Comme la précédente.

SEPTIÈME MESURE.

Je frappe sur le *mi* croche. Deux doubles croches qui valent une croche, avec deux autres doubles croches qui valent encore une croche, cela fait trois croches qui forment mon premier temps. Je lève sur le *ré* croche, qui avec les quatre doubles suivantes forme aussi trois croches qui font mon second temps.

HUITIÈME MESURE.

Je frappe sur l'*ut* noire qui vaut deux croches, avec le demi-soupir qui en vaut une, cela fait trois croches qui forment mon premier temps. Cette mesure se trouve complétée par la demi-mesure qui est au commencement de cette phrase.

CHAPITRE XVI.

DU PORTE-VOIX.

D. Combien y a-t-il de différens *porte-voix?*

R. Il y en a de deux sortes : le porte-voix bref et le porte-voix long. Le porte-voix bref est une petite note d'agrément qui n'a point de valeur calculée dans la mesure et que l'on passe rapidement. Ce porte-voix, très usuel, très utile, ou pour mieux dire indispensable, se fait bref autant que possible, c'est-à-dire toujours plus bref que la note sur laquelle il tombe et à laquelle il se lie, et sa durée s'emprunte *sur celle de la note qui le précède.* Son usage est d'éviter des complications de valeurs inextricables.

Le porte-voix long *emprunte la moitié de la note suivante*, si elle n'est pas pointée, et *les deux tiers*, si elle l'est. Ce porte-voix se coule toujours avec la note qui le suit.

Enfin lorsqu'il arrive qu'une note se trouve jointe à une autre note de même nom et de même octave, le porte-voix absorbe cette note toute entière.

DU PORTE-VOIX.

Exemples:

Effet

Effet

D. Comment distingue-t-on les porte-voix brefs d'avec les porte-voix longs?

R. On ne peut guère les distinguer autrement que par le goût, parce qu'on a négligé d'adopter pour chacun un signe particulier. Cependant quelques auteurs distinguent le porte-voix bref par un petit trait qui barre le porte-voix ♪♪ plusieurs porte-voix ensemble sont toujours brefs.

CHAPITRE XVII.

DES DIÈZE, BÉMOL, BÉCARRE, DOUBLE DIÈZE ET DOUBLE BÉMOL.

D. Les divers degrés de la gamme ne peuvent-ils pas encore être modifiés?

R. Oui, au moyen des signes accidentels.

D. Qu'entendez-vous par signes accidentels?

CHAPITRE XVII.

R. J'entends des signes qui servent à hausser ou à baisser les divers degrés de la gamme.

D. Quels sont ces signes?

R. Ce sont le dièze ♯, le bémol ♭, le bécarre ♮, le double-dièze ✕, et le double bémol ♭♭, ou ♭♭.

D. A quoi sert le dièze?

R. A hausser la note d'un demi-ton.

D. A quoi sert le bémol?

R. A baisser la note d'un demi-ton.

D. A quoi sert le bécarre?

R. Le bécarre sert à baisser d'un demi-ton la note diézée, et à hausser d'un demi-ton la note bémolisée; en un mot *il efface et le dièze et le bémol.*

D. Dans quel cas emploie-t-on le double dièze et le double bémol?

R. On emploie le double dièze pour hausser d'un demi-ton la note déjà diézée, et le double bémol pour baisser d'un demi-ton la note déjà bémolisée.

D. Y a-t-il un double bécarre?

R. Non, il n'y a point de double bécarre. C'est le dièze qui sert de bécarre au double dièze, et le bémol qui sert de bécarre au double bémol.

D. Où place-t-on les dièzes et les bémols?

R. On les place avant la note que l'on veut hausser ou baisser.

D. Ne peut-on pas éviter la répétition de ces signes?

R. Oui, en les plaçant à la clef. Par exemple : le dièze qui serait placé à la clef sur la ligne où se pose le *fa*, rendrait dièzes tous les *fa* que l'on rencontrerait dans le courant du morceau de musique, à moins qu'un bécarre ne vînt accidentellement effacer ce dièze. Ainsi tous ces signes employés accidentellement n'ont de valeur que dans l'intervalle d'une mesure,

DES SIGNES ACCIDENTELS.

au lieu qu'en les plaçant à la clef, ils ont force dans tout le courant du morceau.

D. Comment se posent les dièzes?

R. On les pose de *quinte en quinte* en montant, c'est-à-dire de cinq en cinq notes formant *trois tons et un demi-ton*. Le premier sur le *fa*, le second sur l'*ut*, le troisième sur le *sol*, le quatrième sur le *ré*, le cinquième sur le *la*, le sixième sur le *mi* et le septième sur le *si*. Les doubles dièzes se posent également de cinq en cinq notes, en commençant par le *fa* dièze.

Exemple :

Ainsi en partant de la tonique *ut*, et montant cinq degrés, on trouve la note *sol* qui devient tonique du ton où l'on emploie le premier dièze; car de l'*ut* au *ré* il y a un ton, du *ré* au *mi* un ton, du *mi* au *fa* un demi-ton, et du *fa* au *sol* un ton : ce qui fait bien *trois tons et un demi-ton*.

Partant ensuite de la tonique *sol* et montant cinq degrés, on trouve la note *ré* qui devient tonique du ton où l'on emploie deux dièzes; et ainsi de suite. Pour lors, si l'on veut savoir dans quel ton l'on joue, en supposant quatre dièzes à la clef, on fera ce calcul en partant toujours de la tonique *ut*, et en ajoutant un dièze de cinq en cinq degrés.

Exemple :

Ut, ré, mi, fa, sol,   *un dièze.*
Sol, la, si, ut, ré,   *deux dièzes.*
Ré, mi, fa, sol, la,   *trois dièzes.*
La, si, ut, ré, mi,   *quatre dièzes.*

Ainsi la tonique du ton où il y a quatre dièzes est donc *mi*.

CHAPITRE XVII.

D. Comment se posent les bémols?

R. De quarte en quarte en montant, c'est-à-dire de quatre en quatre notes formant *deux tons et un demi-ton*. Le premier sur le *si*, le second sur le *mi*, le troisième sur le *la*, le quatrième sur le *ré*, le cinquième sur le *sol*, le sixième sur l'*ut*, et le septième sur le *fa*.

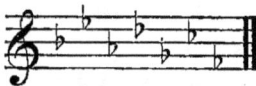

Ainsi en partant de la tonique *ut* et montant d'une quarte on trouve la note *fa*, qui devient tonique du ton où l'on emploie le premier bémol. Car de l'*ut* au *ré* il y a un ton, du *ré* au *mi* un ton, du *mi* au *fa* un demi-ton, ce qui fait bien *deux tons et un demi-ton*.

En partant de la tonique *fa* et montant de quatre degrés, on trouve la note *si bémol*, qui devient tonique du ton où l'on emploie deux bémols; car du *fa* au *sol* il y a un ton, du *sol* au *la* un ton, et du *la* au *si bémol*, un demi-ton, ce qui fait deux tons et demi. Pour lors, si l'on veut savoir dans quel ton l'on joue, en supposant quatre bémols à la clef, on fera ce calcul en partant de la tonique *ut* et en ajoutant un bémol de quatre en quatre degrés.

Exemple:

Ut, ré, mi, fa,	*un bémol.*
Fa, sol, la, si♭,	*deux bémols.*
Si♭, ut, ré, mi♭,	*trois bémols.*
Mi♭, fa, sol, la♭,	*quatre bémols.*

Ainsi la tonique du ton où il y a quatre bémols est donc *la bémol*.

D. Donnez-moi un exemple de toutes les gammes majeures où l'on emploie les dièzes.

R. Dans la gamme d'*ut*, toutes les notes sont naturelles.

DES SIGNES ACCIDENTELS. 71

Exemple :

Dans la gamme de *sol*, le premier dièze est placé sur le *fa*, septième degré et note sensible de *sol*.

Exemple :

Dans la gamme de *ré*, le second dièze est placé sur l'*ut*, septième degré et note sensible de *ré*.

Exemple :

Dans la gamme de *la*, le troisième dièze est placé sur le *sol*, septième degré et note sensible de *la*.

Exemple :

CHAPITRE XVII.

Dans la gamme de *mi*, le quatrième dièze est placé sur le *ré*, septième degré et note sensible de *mi*.

Exemple :

Dans la gamme de *si*, le cinquième dièze est placé sur le *la*, septième degré et note sensible de *si*.

Exemple :

Dans la gamme de *fa dièze*, le sixième dièze est placé sur le *mi*, septième degré et note sensible de *fa dièze*.

Exemple :

Dans la gamme d'*ut dièze*, le septième dièze est placé sur le *si*, septième degré et note sensible d'*ut dièze*.

DES SIGNES ACCIDENTELS. 73

Exemple :

D. Donnez-moi un exemple de toutes les gammes majeures où l'on emploie les bémols.

R. Dans la gamme de *fa*, le premier bémol est placé sur le *si*, quatrième degré du ton de *fa*.

Exemple :

Dans la gamme de *si bémol*, le second bémol est placé sur le *mi* quatrième degré du ton de *si bémol*.

Exemple :

CHAPITRE XVII.

Dans la gamme de *mi bémol,* le troisième bémol est placé sur le *la,* quatrième degré du ton de *mi bémol.*

Exemple :

Dans la gamme de *la bémol,* le quatrième bémol est placé sur le *ré,* quatrième degré du ton de *la bémol.*

Exemple :

Dans la gamme de *ré bémol,* le cinquième bémol est placé sur le *sol,* quatrième degré du ton de *ré bémol.*

Exemple :

Dans la gamme de *sol bémol,* le sixième bémol est placé sur l'*ut,* quatrième degré du ton de *sol bémol.*

DES SIGNES ACCIDENTELS.

Exemple :

Dans la gamme d'*ut bémol,* le septième bémol est placé sur le *fa,* quatrième degré du ton d'*ut bémol.*

Exemple :

C'est pour éviter une confusion qui rendrait très difficile la lecture de la musique que l'on place seulement à la clef les dièzes ou les bémols ; on sait que toutes les notes qu'ils désignent seront diézées ou bémolisées jusqu'à la fin du morceau, à moins qu'un bécarre ne vienne effacer ces signes.

CHAPITRE XVIII.

DU MODE MINEUR.

D. Que fait-on pour trouver la décoration du mineur d'un ton quelconque ?

R. Il faut ou ajouter trois bémols à la décoration ou en supprimer trois dièzes, en suivant l'ordre inverse de celui avec lesquels on les place, ou bien, ce qui revient au même, supprimer deux dièzes et ajouter un bémol, ou supprimer un dièze et ajouter deux bémols, lorsqu'il n'y a que deux ou un seul dièze au majeur.

CHAPITRE XVIII.

Exemples :

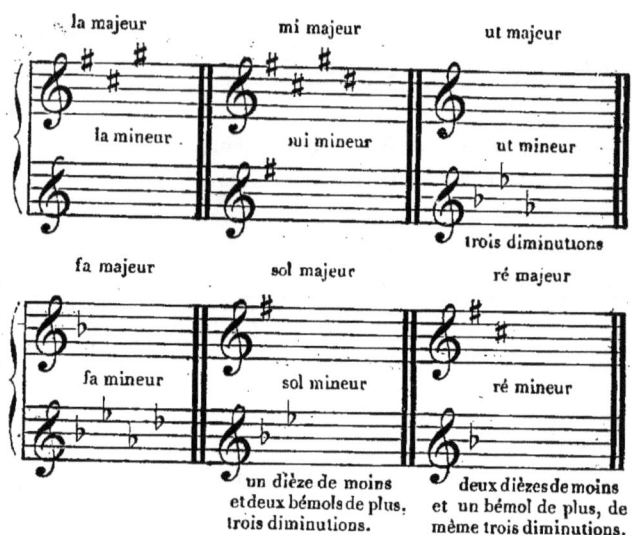

En un mot, il faut baisser, soit par la suppression des dièzes ou par l'addition des bémols, les TROIS DEGRÉS MOBILES, qui sont *la tierce, la sixte et la septième.*

CHAPITRE XIX.

DES TONS RELATIFS.

D. Qu'entendez-vous par *ton relatif?*
R. Chaque ton majeur a un ton mineur qui lui est relatif, c'est-à-dire qui a la même décoration. Pour trouver ce ton relatif mineur, il faut descendre *d'un ton et demi* au-dessous de

DES TONS RELATIFS. 77

la tonique majeur. Ainsi, si l'on veut connaître le mineur relatif du ton d'*ut* majeur, on descend *ut, si, la;* du *la* au *si* il y a un ton, du *si* à l'*ut* un demi-ton, ce qui fait bien un ton et demi; par conséquent *le ton relatif d'ut majeur est la mineur.*

Exemple :

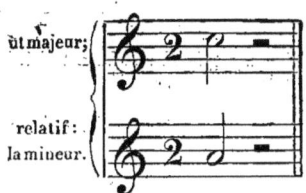

ut majeur;
relatif : la mineur.

De même, si on veut trouver le ton relatif de *la* majeur, il faut descendre *la, sol, fa dièze,* parce que si c'était *fa naturel,* il y aurait deux tons.

Ainsi *le relatif de la majeur est fa dièze mineur.*

Exemple :

la majeur;
relatif : fa# mineur.

Enfin si partant d'un ton mineur on veut trouver le relatif majeur, il faut prendre la marche contraire et monter d'un ton et demi.

D. Faites un tableau général des tons relatifs majeurs et mineurs avec les dièzes.

CHAPITRE XIX.

R. Ut majeur et *la mineur*, tons relatifs, même décoration, rien à la clef.

Sol majeur et *mi mineur*, tons relatifs, même décoration, un dièze à la clef.

Ré majeur et *si mineur*, tons relatifs, même décoration, deux dièzes à la clef.

La majeur et *fa dièze mineur*, tons relatifs, même décoration, trois dièzes à la clef.

DES TONS RELATIFS. 79

Mi majeur et *ut dièze mineur*, tons relatifs, même décoration, quatre dièzes à la clef.

Si majeur et *sol dièze mineur*, tons relatifs, même décoration, cinq dièzes à la clef.

D. Faites moi le tableau des tons relatifs majeurs et mineurs avec les bémols.

R. Fa majeur et *ré mineur*, tons relatifs, même décoration, un bémol à la clef.

CHAPITRE XIX.

Si bémol majeur et *sol mineur*, tons relatifs, même décoration, deux bémols à la clef.

Mi bémol majeur et *ut mineur*, tons relatifs, même décoration, trois bémols à la clef.

La bémol majeur et *fa mineur*, tons relatifs, même décoration, quatre bémols à la clef.

Ré bémol majeur et *si bémol mineur*, tons relatifs, même décoration, cinq bémols à la clef.

CHAPITRE XX.

RÈGLES POUR CONNAITRE DE SUITE DANS QUEL TON L'ON JOUE.

D. Comment connaît-on le ton dans lequel un morceau est écrit?

R. Par les règles suivantes.

PREMIÈRE RÈGLE.

Dans le mode majeur *avec dièzes* la tonique ou première note du ton se pose toujours un demi-ton au-dessus du dernier dièze de la clef; et dans le mode mineur, aussi avec dièzes, la tonique est posée un ton au-dessous du dernier dièze.

Exemples:

DEUXIÈME RÈGLE.

Dans le mode majeur *avec bémols* la tonique se pose toujours cinq degrés, formant trois tons et demi, au-dessus du dernier bémol; et dans le mode mineur, aussi avec bémols, la tonique est posée trois degrés, formant deux tons, au-dessus du dernier bémol.

DU TON OU L'ON JOUE.

Exemples :

CHAPITRE XXI.

DES SIGNES DE CONVENTION :

Reprise, Renvoi, Da-capo, Barre de répétition, Point d'orgue.

D. Qu'entend-on par *reprise?*

R. Toute partie d'un air dont le sens est terminé et qui se trouve comprise entre deux *doubles barres*, dont l'une est placée au commencement et l'autre à la fin de la phrase musicale, s'appelle *reprise*.

Exemple :

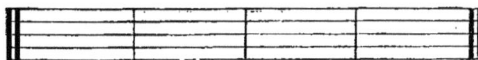

Cependant on ne met point la première double barre au commencement de l'air après la clef.

Exemple :

CHAPITRE XXI.

Lorsque cette double barre a seulement des points à sa gauche, cela indique qu'il faut répéter ce qui précède.

Exemple :

Au lieu que lorsque l'on veut marquer la répétition de ce qui suit, on met les points à droite; mais alors il doit y avoir également deux points à la gauche de la double barre suivante.

Exemple :

Il faut encore observer que la dernière note d'une *reprise* doit se rapporter exactement pour la mesure et à celle qui commence la *reprise* qui précède et à celle qui commence la *reprise* suivante.

Exemple :

D. Qu'est-ce que le *renvoi* ?

R. Le *renvoi* s'écrit ainsi 𝄋 et se place toujours au-dessus de la portée. Il correspond à un autre signe semblable, et marque qu'il faut, d'où est le second, retourner où est le premier, et de là suivre jusqu'à ce qu'on trouve le mot *fin*.

Exemple :

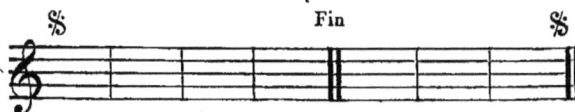

84　DES SIGNES DE CONVENTION.

D. Qu'est-ce que le *da-capo ?*

R. Ces deux mots italiens que l'on écrit plus souvent en abrégé par ces deux lettres *D.C.*, se mettent à la fin des airs en rondeau, et marquent qu'ayant fini la seconde période de l'air, il faut reprendre le commencement jusqu'au mot *fin.*

D. Qu'est-ce que la *barre de répétition ?*

R. La *barre de répétition* est un signe dont on se sert pour abréger la copie et la gravure, et qui signifie qu'il faut répéter l'ensemble des notes réunies qui précède. Les uns emploient dans tous les cas la *barre simple.*

Exemple :

Les autres emploient pour tenir lieu de chaque ensemble autant de *barres* que les notes en ont.

Exemple :

La *barre simple* est infiniment préférable, puisque, en outre d'une plus grande netteté, le signe absolu convient également pour toute espèce d'ensembles, soit pour ceux de valeurs inégales, soit pour les accords, tandis que la *barre proportionnelle* ne peut servir à indiquer que des ensembles de valeurs égales.

CHAPITRE XXI.

Exemple:

On réunit aussi plusieurs notes en une seule, dont on indique la division par une ou plusieurs petites *barres*. Ainsi, au lieu d'écrire quatre croches, on met une blanche *barrée*; au lieu d'écrire quatre doubles croches, on se sert d'une noire avec *deux barres*.

Exemple :

D. Qu'est-ce que le *point d'orgue?*
R. Le *point d'orgue,* qui s'écrit ainsi ⌢, indique qu'il faut s'arrêter sur la valeur de note ou de silence au-dessus de laquelle il est placé. Souvent la partie principale y fait quelques notes d'agrément, pendant que tous les autres prolongent et soutiennent le son si le *point d'orgue* est placé sur une note, ou s'arrêtent tout-à-fait s'il est placé sur un silence.

Exemple :

D. N'y a-t-il pas encore d'autres signes usités en musique?
R. Oui, il y en a encore trois dont on se sert fréquemment. Le premier, que l'on marque ainsi ⟨, indique qu'il

86 DES SIGNES DE CONVENTION.

faut commencer d'abord le son très doux, puis l'enfler peu à peu jusqu'à la fin, où il doit être très fort.

Exemple :

Le second, qui se marque ainsi ⟩——, indique qu'il faut au contraire que le son commence vigoureusement, puis qu'il décline peu à peu jusqu'à la fin, ou il doit être très doux.

Exemple :

Enfin le troisième, que l'on écrit ainsi ——⟨⟩——, indique que le son, très doux d'abord, doit s'enfler jusqu'au milieu pour décliner insensiblement jusqu'à la fin.

Exemple :

CHAPITRE XXII.

DU TRILLE ET DU PIQUÉ.

D. Qu'est-ce que le *trille?*

R. Le *trille* ou cadence se marque par l'un de ces trois signes *tr.*, +, ⁓, que l'on place au-dessus d'une note. Le *trille* s'exé-

CHAPITRE XXII.

cute en faisant entendre successivement et le plus vite possible deux notes voisines, en prenant d'abord la note sur laquelle est posé ce signe, et ensuite celle au-dessus.

Exemple :

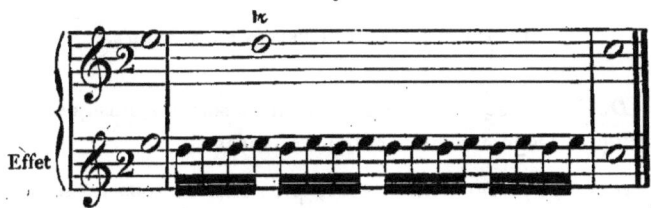

Lorsque le *trille* se trouve placé sur le point d'une note, toute la valeur qui précède le point doit être rendue *unie*, et le point seul *brodé*.

Exemple :

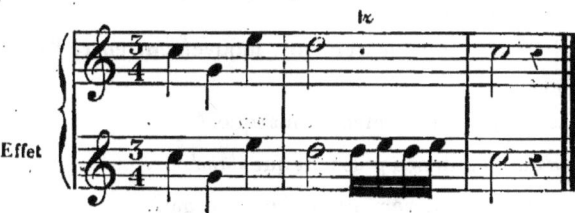

D. Qu'est-ce que le *piqué* ?

R. Le *piqué* est un petit signe long ou rond que l'on emploie pour marquer le *détaché* des notes et pour s'exempter d'employer des silences qui ne feraient que compliquer inutilement les valeurs.

Exemple :

CHAPITRE XXIII.

DES TERMES ITALIENS USITÉS EN MUSIQUE.

D. Expliquez les termes dont on se sert en musique pour indiquer les mouvemens et leurs nuances.

R. Largo, largement; c'est le plus lent de tous les mouvemens.

Larghetto, un peu moins lent que *largo*.

Grave, gravement, avec fierté

Adagio, posément.

Affettuoso, affectueusement; mouvement entre l'*adagio* et l'*andante*.

Andante, gracieusement et marqué.

Andantino, un peu plus lent que l'*andante*.

Moderato, modérément; ni lent, ni gai.

Cantabile, aisément et sans presser.

Allegro, gai.

Allegretto, un peu moins vite que l'*allegro*.

Agitato, agité; mouvement serré.

Vivace, vite, gai et animé.

Presto, très vite.

Prestissimo, extrêmement vite; c'est le mouvement le plus vif.

D. Quels sont les autres termes italiens usités?

R. Dolce, doux, avec un peu de mollesse.

CHAPITRE XXIII.

Piano ou *P.*, doux sans mollesse.

Pianissimo ou *PP.*, très doux.

Sostenuto, soutenu.

Con espressione, avec expression.

Con brio, avec gaîté et éclat.

Maestoso, majestueusement.

Amoroso, amoureusement, tendrement.

Mezza voce, à demi-voix, à demi-jeu.

Sotto voce, à voix presque basse.

Forte ou *F.*, fort.

Fortissimo ou *FF.*, très fort.

Rinforzando, enfler le son subitement.

Crescendo, enfler le son graduellement.

Decrescendo ou *diminuendo*, en diminuant le son.

Ritardando ou *rallentando*, en retardant le mouvement.

Smorzando, en laissant mourir le son.

Volti subito, tournez vite.

Solo, seul.

Tutti, tous ensemble.

D. Que signifie le mot *tacet*?

R. C'est un mot latin qu'on emploie pour indiquer qu'un instrument doit garder le silence pendant un morceau entier.

D. Comment doit-on prononcer ces mots? sera-ce à la française ou à l'italienne?

R. Ces mots doivent être prononcés d'après les principes de la langue dans laquelle on les adopte. Ainsi il faut dire *andanté* avec un accent, et non pas *andante*; *forté*, *gravé*, avec un accent, et non pas *grave*, *forte*; *adagio*, et non pas *adadgio*; car si l'on disait *adadgio*, il faudrait prononcer tous les autres mots à l'italienne, et dire par conséquent *toutti*, et cependant il est d'usage de prononcer *tutti*, d'après la prononciation française.

FIN DE LA PREMIÈRE PARTIE.

SECONDE PARTIE.

PRATIQUE.

A quelque instrument, soit à vent, soit à archet, que se destine l'élève, il devra, avant de s'occuper en aucune manière de cet instrument, exécuter les exercices suivans et les travailler aussi long-temps qu'il pourra être nécessaire, et jusqu'à ce qu'il soit parvenu à les lire correctement et sans faute. Il devra surtout s'habituer à bien battre la mesure dès le commencement.

Je l'engage à exécuter ces exercices sur le flageolet; car s'il voulait se servir d'un autre instrument à vent, tel que le cor, le basson, la clarinette, outre la fatigue qu'il éprouverait bientôt, il courrait les risques de gâter son embouchure; et si c'était un instrument à archet, sans aucun doute, il prendrait de mauvaises habitudes. Si l'élève veut apprendre la musique vocale, il exécutera ces exercices soit avec un flageolet, soit avec la voix; peu importe, pourvu que ces exercices soient bien exécutés; car il ne s'agit pas d'abord d'apprendre à chanter, il s'agit d'apprendre la musique; l'étude des valeurs doit donc nécessairement précéder l'étude des intonations.

Je ne puis trop le répéter, c'est de la parfaite exécution de ces exercices que dépendront les succès de l'élève; il ne peut donc trop s'y attacher. Surtout qu'il ne se hâte point; il regagnera bien vite le temps qu'il aura passé à ce travail, et de rapides progrès le récompenseront amplement des momens d'ennui qu'il aura pu éprouver.

PRATIQUE.

Pendant l'exécution de ces exercices, et quel que soit le nombre de valeurs que renferme chaque mesure, le maître devra *toujours* frapper avec un petit bâton sur le pupitre, pour marquer la division de la mesure; c'est-à-dire *quatre coups* dans la grande et la petite mesure à deux temps, *trois coups* dans les mesures à trois temps, et *six coups* dans la mesure à six-huit.

EXERCICES DE VALEURS.

CHAPITRE XXIV.

GRANDE MESURE A DEUX TEMPS (1).

(1) Dans ces exercices, le maître devra frapper quatre coups par mesure.

EXERCICES.

EXERCICES. 95

EXERCICES.

EXERCICES. 97

[sheet music exercises]

(1) Ce *point* doit être syncopé, parce qu'il vaut un demi-temps.
(2) Ce *point* doit aussi être syncopé, parce qu'il vaut un quart de temps.
(3) Ce *point* ne doit pas être syncopé, attendu qu'il ne vaut ni un demi-temps, ni un quart de temps. (Voyez la règle, première partie, p. 88.)

7

EXERCICES.

CHAPITRE XXV

PETITE MESURE A DEUX TEMPS (1).

(1) La petite mesure à deux temps se bat exactement comme la grande; ainsi le maître devra frapper, comme dans celle-ci, quatre coups par mesure.

EXERCICES.

EXERCICES. 101

102 EXERCICES.

(1) Ce *point* doit être syncopé, parce qu'il vaut un demi-temps.
(2) Ce *point* doit aussi être syncopé, parce qu'il vaut un quart de temps. (*V.* 1ère part. p. 55.)

EXERCICES.

(3) Ce *point* ne doit pas être syncopé, attendu qu'il ne vaut ni un demi-temps, ni un quart de temps. (Voyez la règle, première partie, p. 88.)

EXERCICES.

Nº 54.

CHAPITRE XXVI.

GRANDE MESURE A TROIS TEMPS (1).

Nº 1.

Nº 2.

Nº 3.

Nº 4.

Nº 5.

Nº 6.

Nº 7.

Nº 8.

Nº 9.

(1) Dans ces exercices le maître devra frapper trois coups par mesure.

EXERCICES

106 EXERCICES.

(1) Ce point doit être syncopé, parce qu'il vaut un demi-temps. (*V*. la règle, 1ère partie, p. 55.)

EXERCICES.

(1) Ce *point* ne doit pas être syncopé, attendu que dans les mesures à trois temps on ne syncope le *point* que lorsqu'il vaut un temps ou un demi-temps. (*V.* la règle, Iére partie, p. 55.)

Nº 43.

Nº 44.

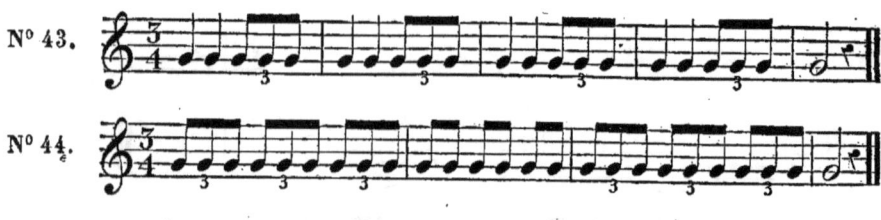

CHAPITRE XXVII.

PETITE MESURE A TROIS TEMPS (1).

Nº 1.

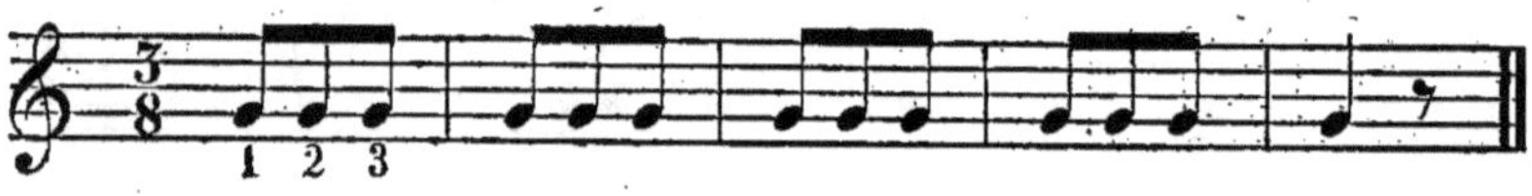

Nº 2.

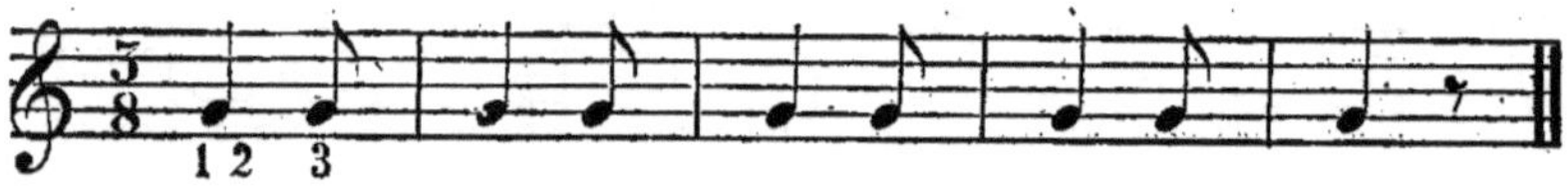

Nº 3.

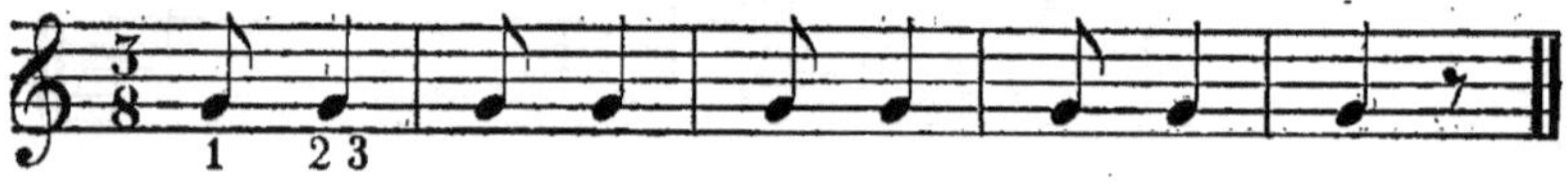

Nº 4.

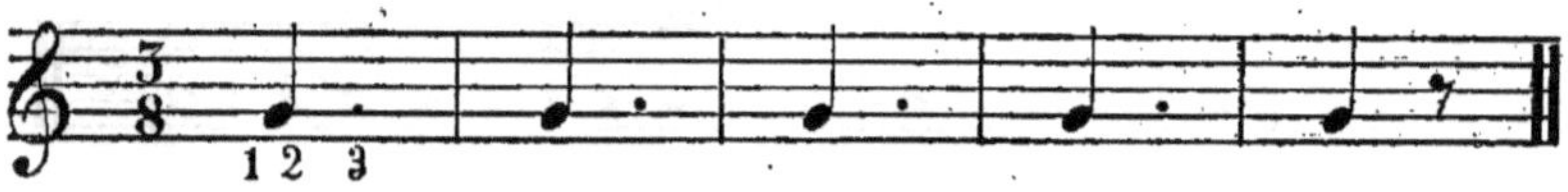

Nº 5.

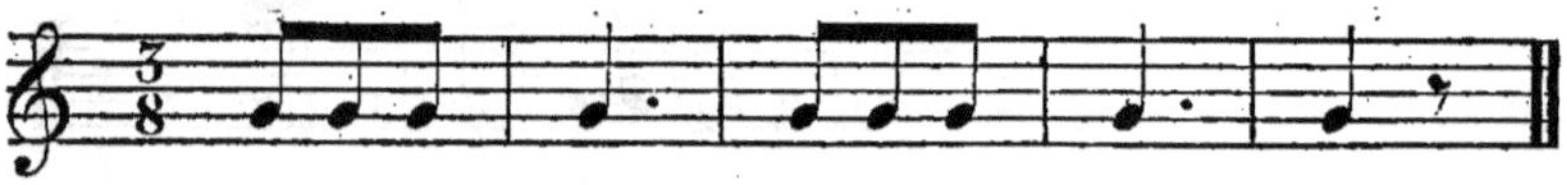

Nº 6.

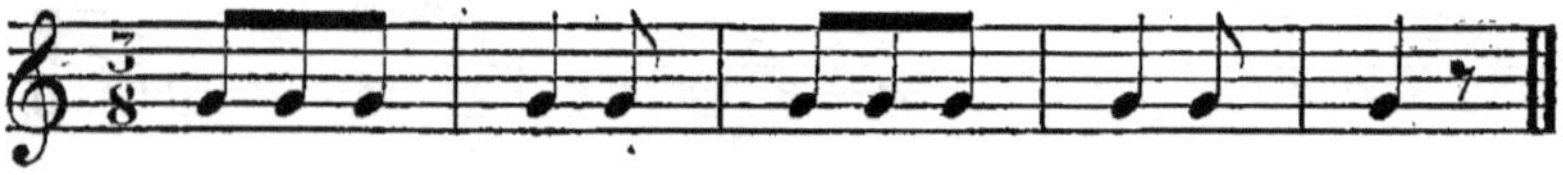

Nº 7.

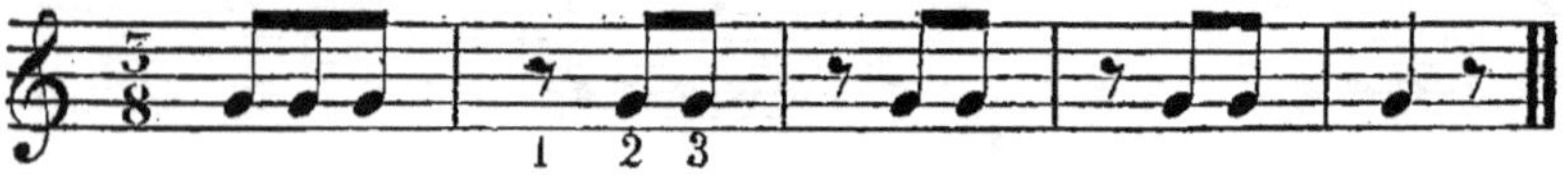

Nº 8.

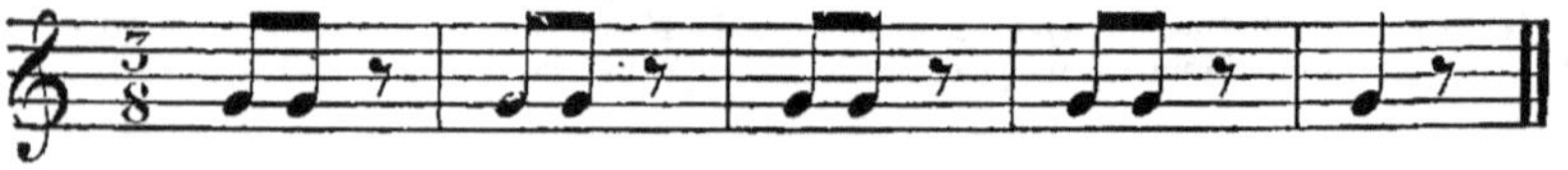

(1) La petite mesure à trois temps se bat exactement comme la grande ; ainsi le maître devra frapper, comme dans celle-ci, trois coups par mesure.

EXERCICES

(1) Ce *point* doit être syncopé parce qu'il vaut un demi temps. (*V.* la règle, Ière part. p.55.)

EXERCICES.

(1) Ce *point* ne doit pas être syncopé, attendu que dans les mesures à trois temps on ne syncope le *point* que lorsqu'il vaut un temps ou un demi-temps. (*V.* la règle, 1ère partie, p. 55.)

EXERCICES.

N° 43.

N° 44.

CHAPITRE XXVIII

MESURE A SIX-HUIT ou A DEUX TEMPS RONDS(1).

N° 1.

N° 2.

N° 3.

N° 4.

N° 5.

N° 6.

N° 7.

N° 8.

(1) Dans ces exercices, le maître devra frapper six coups par mesure; trois en battant la mesure et trois en levant.

EXERCICES.

114 EXERCICES.

Ce n'est qu'après l'entière et exacte exécution de ces exercices que l'élève pourra commencer avec fruit l'instrument auquel il se destine ; et encore, après avoir fait suffisamment des gammes pour connaître un peu son doigter, devra-t-il revenir aux exercices de valeurs en exécutant ceux qui suivent et qui forment la récapitulation des principes énoncés plus haut. Ces derniers exercices ont d'ailleurs pour but d'habituer l'écolier à joindre un peu de doigter à l'exécution des valeurs.

EXERCICES DE VALEURS,

MÊLÉS DE DOIGTÉR.

Nota. Si l'élève joue d'un instrument pour lequel on se sert de la clef de *fa*; il devra effacer la clef de *sol* qui se trouve au commencement des lignes et y substituer une clef de *fa* avec trois bémols.

CHAPITRE XXIX.

GRANDE MESURE A DEUX TEMPS.

EXERCICES.

EXERCICES.

PETITE MESURE A DEUX TEMPS.

FIN DES EXERCICES DE VALEURS MÊLÉS DE DOIGTER.

EXERCICES DE VALEURS,

POUR LES ÉLÈVES QUI SE DESTINENT AU *PIANO* (1).

CHAPITRE XXX.

GRANDE MESURE A DEUX TEMPS.

(1) Tout en exécutant ces exercices de valeurs, les élèves pourront, afin de s'avancer, étudier les gammes dans la méthode de *Piano*.

EXERCICES.

EXERCICES.

EXERCICES.

EXERCICES.

RÉCAPITULATION.

124 EXERCICES.

N° 28.

PETITE MESURE A DEUX TEMPS.

N° 1.

EXERCICES.

126 EXERCICES.

EXERCICES.

14.

15.

16.

17.

18.

19.

128 EXERCICES.

EXERCICES.

RÉCAPITULATION.

130 EXERCICES.

GRANDE MESURE A TROIS TEMPS.

Nº 1.

Nº 2.

Nº 3.

Nº 4.

EXERCICES. 131

132 EXERCICES.

EXERCICES. 133

RÉCAPITULATION.

EXERCICES.

N° 22.

EXERCICES.

PETITE MESURE A TROIS TEMPS.

136 EXERCICES.

EXERCICES.

EXERCICES.

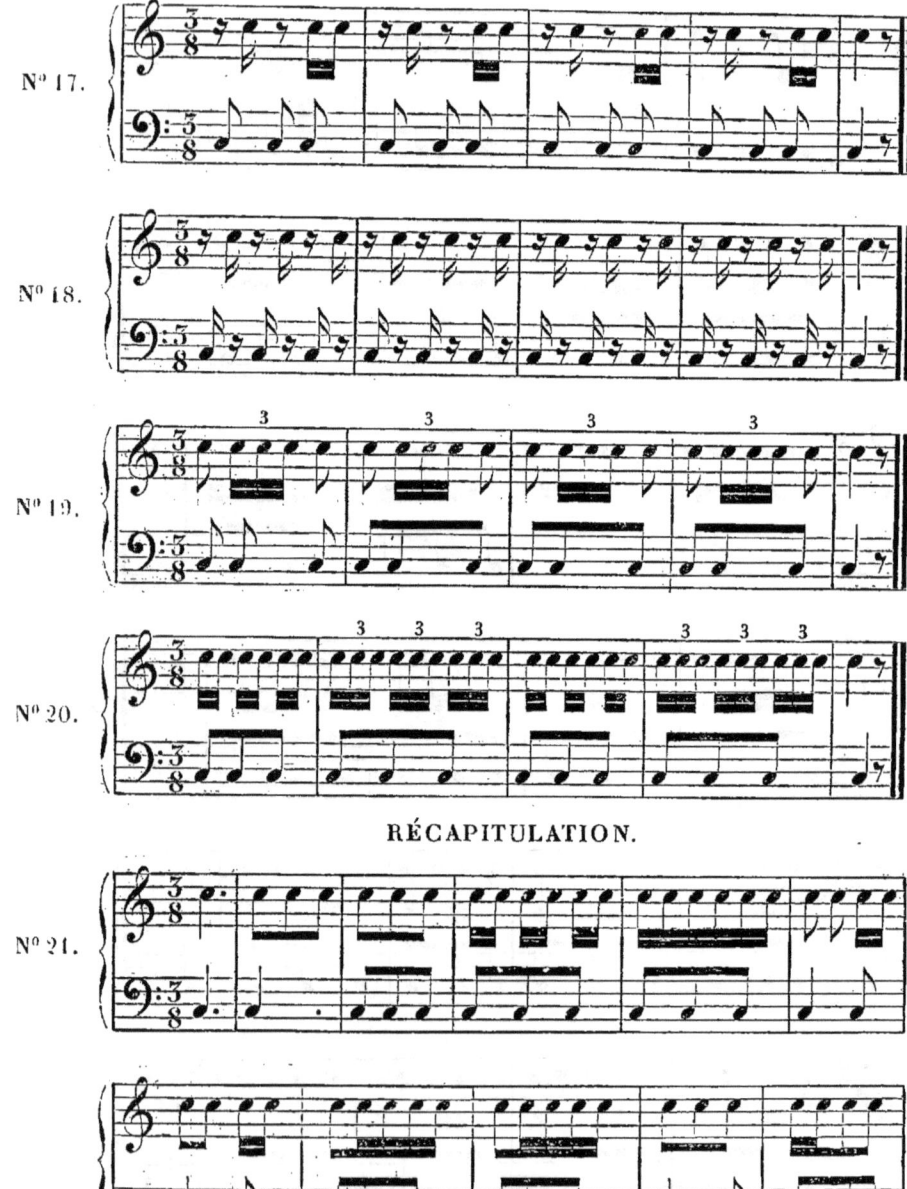

RÉCAPITULATION.

EXERCICES.

22.

140 EXERCICES.

MESURE A SIX-HUIT.

EXERCICES.

142 EXERCICES.

FIN DES EXERCICES DE VALEURS POUR LE PIANO.

EXERCICES DE VALEURS,

POUR LES ÉLÈVES QUI VEULENT APPRENDRE LA GUITARE.

CHAPITRE XXXI.

GRANDE MESURE A DEUX TEMPS.

EXERCICES.

22. 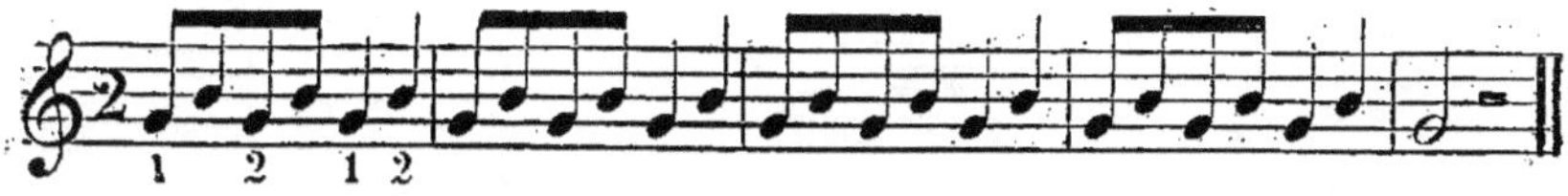

23. 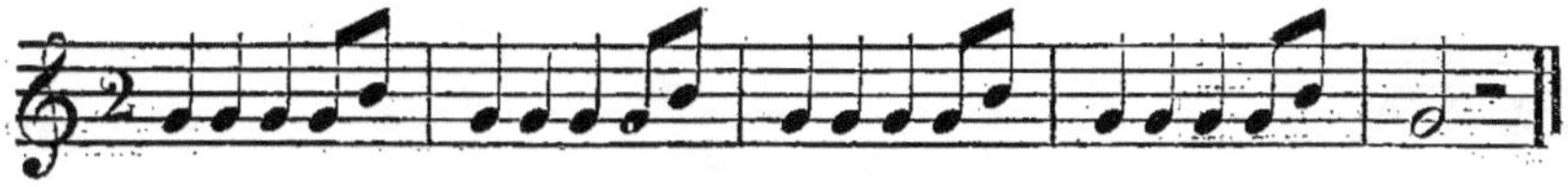

24. 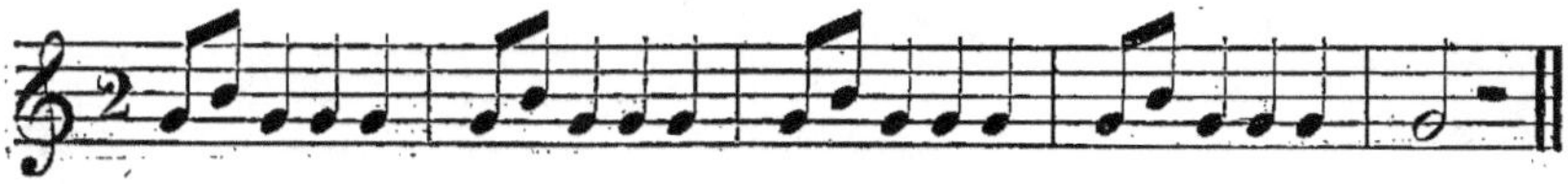

25. 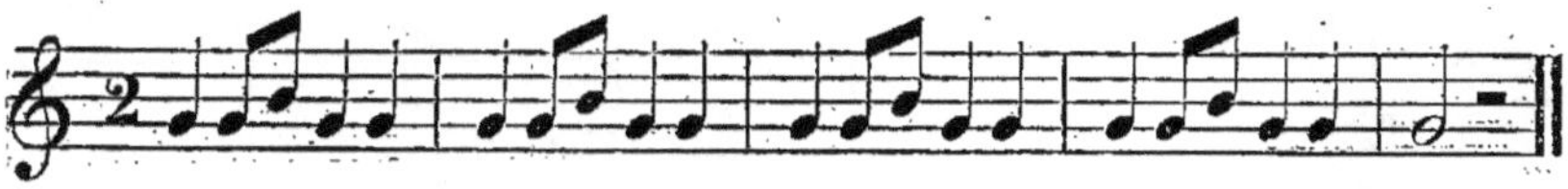

26. 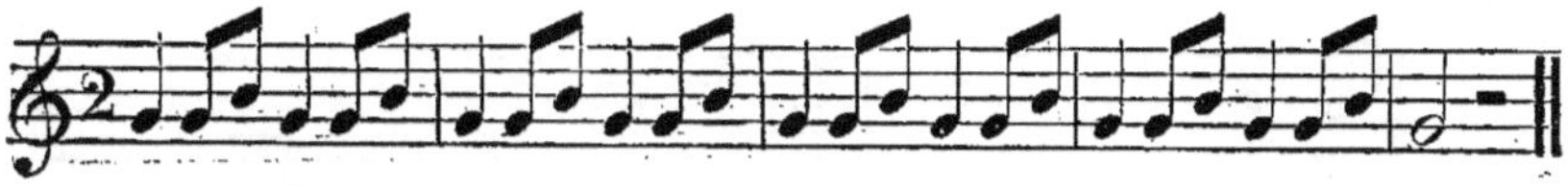

27. 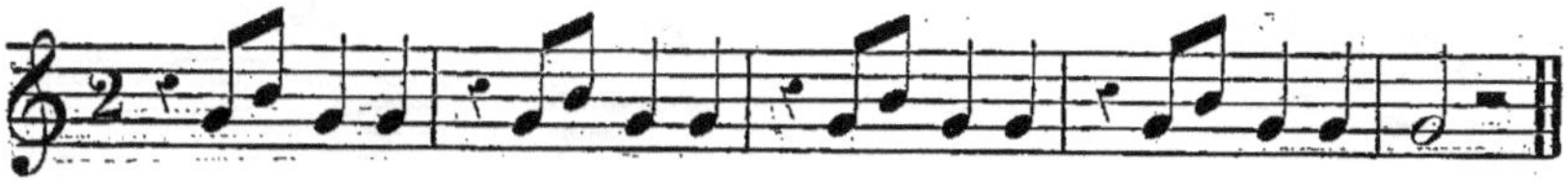

28. 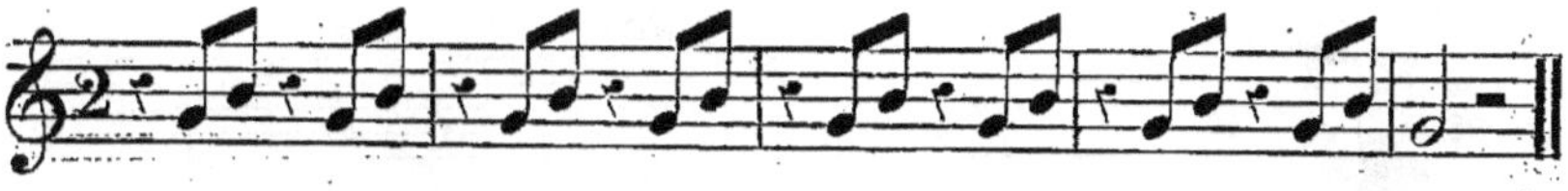

29. 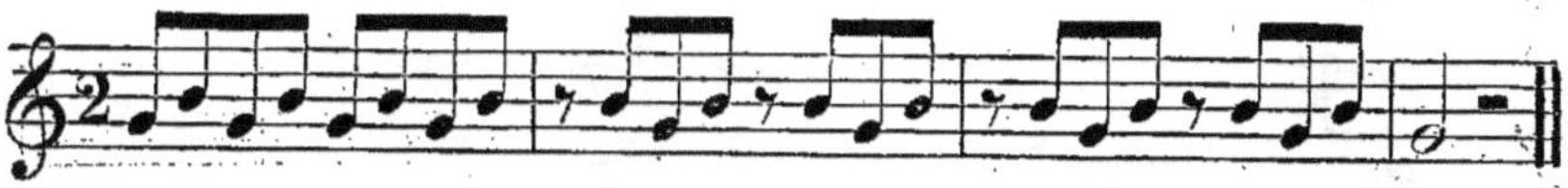

30. 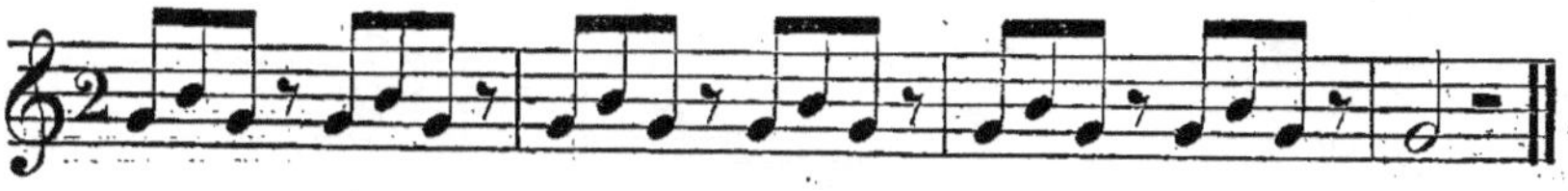

PETITE MESURE A DEUX TEMPS.

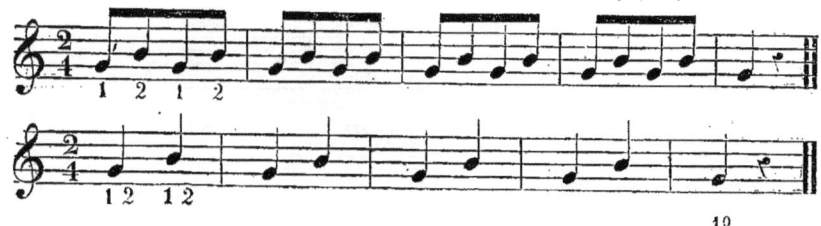

EXERCICES.

EXERCICES.

148 EXERCICES.

GRANDE MESURE A TROIS TEMPS.

EXERCICES.

PETITE MESURE A TROIS TEMPS.

150 EXERCICES.

EXERCICES. 151

MESURE A SIX-HUIT.

FIN DE LA SECONDE PARTIE.

TROISIÈME PARTIE.

OBSERVATIONS SUR LES ERREURS, PRÉJUGÉS, FAUSSES OPINIONS EN FAIT DE MUSIQUE,

FORMANT LE COMPLÉMENT DE LA GRAMMAIRE MUSICALE.

CHAPITRE XXXII.

DU SON.

Le son n'est autre chose qu'une modification de la matière. C'est un fluide infiniment subtil, et peut-être, après la lumière, le plus subtil de tous. Ses élémens, que la nature prépare sans cesse dans tous les corps, se forment avec eux et ne peuvent s'en dégager autrement que par le choc ou le froissement. Cette déperdition se répare sans cesse, et tant qu'il y aura de la matière, il y aura du son. La *sonorité* même, au lieu de diminuer, ira plutôt croissant, tant que le corps frappé n'éprouvera point de solution de continuité dans sa masse, ni dans sa surface. Ainsi tous les corps sont plus ou moins doués de la qualité génératrice du son, et toujours en raison de leur peu d'épaisseur et de la densité de leur texture.

Le son n'est donc pas une simple illusion. Il n'en est pas plus une que le feu, que les odeurs, que la lumière. Ce n'est pas non plus *une percussion de l'air*, définition d'autant plus vague et d'autant plus fausse que ne reconnaissant pas le son comme partie de la matière, l'on veut accorder à un corps, par son essence le moins sonore de tous, la faculté exclusive de produire une chose dont il ne contient pas les élémens; on veut tirer de ce corps ce qu'on dit n'y être pas; on veut qu'il y ait des effets sans cause.

S'il n'y avait pas de fluide sonore, et dans ce fluide des parties différentes, la corde tendue sur un instrument ne répondrait pas à telle et telle note.

Si le son n'était que de l'air agité, comment cette percussion serait-elle assez puissante pour remonter le cours du vent jusqu'à une certaine distance?

Si le son n'était pas un corps, aurait-il les qualités qu'on lui reconnaît? l'écho est la preuve de son élasticité : l'écho est au son ce que la réflexion est à la lumière.

Si le son n'était pas un fluide émanant des corps palpables, il serait impossible de tirer des sons particuliers des différens corps.

Enfin si le son n'était pas un fluide émanant de tous les corps, et qu'il ne fût qu'une percussion de l'air, tous les lieux, tous les appartemens seraient également sonores, et il n'y aurait pas d'écho.

Une autre preuve incontestable que le son s'extrait de la matière, c'est la correspondance sympathique qui a lieu entre les parties sonores des différens corps. Chantez, jouez d'un instrument dans un magasin rempli d'instrumens de cuivre, tel ton vous sera répété par un trombonne, tel autre ton par un cor ou par une trompette; plusieurs pourront ne pas être répétés du tout. La même chose se remarque si vous chantez près d'une guitare ou près d'une basse : des tons vous seront rendus, d'autres ne le seront jamais, quoique vous puissiez faire.

L'écho n'est donc pas une percussion de l'air, mais un renvoi de celles des parties émanées d'un corps sonore qui se sont trouvées lancées vers un autre corps plus ou moins éloigné, présentant ordinairement un ou plusieurs creux.

Le bruit des vents n'est pas même uniquement tiré de l'air,

mais bien aussi de tous les corps qui lui font obstacle, et dont il extrait en les froissant des particules sonores.

N'est-il rien d'ailleurs qui prouve davantage que le son est une émanation de la matière que l'expérience de la pincette dont les deux branches rapprochées avec les doigts, mais sans les faire toucher, puis lâchées subitement, ne produisent aucun son quoique vibrant et agitant l'air? Il est certain que si le son n'était que l'air agité, que l'air vibrant, ce mouvement de la pincette suffirait pour produire cet effet. N'en doit-on pas conclure que si cette agitation des branches ne peut produire aucun son, et que le choc du métal soit indispensable, c'est que le son vient de l'intérieur du corps, et que conséquemment le son est une émanation de la matière.

On peut remarquer que le son, loin d'être un air agité, ne cause pas dans l'air la moindre agitation sensible, et que s'il a la puissance d'ébranler les murs et les objets de la matière la plus solide, il ne peut rien, absolument rien sur les draperies les plus légères, non plus que sur la flamme d'une chandelle que le moindre souffle fait vaciller.

Je dirai donc que le son étant (comme je l'ai déjà avancé) un fluide dont les principes tout prêts à se développer existent dans tous les corps, mais plus ou moins selon la quantité et la dureté de la matière composant leur masse, et aussi selon leurs diverses textures, il s'ensuit nécessairement que les principes développés et dégagés doivent agir sur les objets, en raison de la quantité de principes analogues qu'ils contiennent relativement à leur masse, et que par conséquent les vitres, les assemblages de planches, les feuilles de cuivre, de fer, doivent être infiniment plus ébranlés par le son lancé contre eux que l'air, qui, bien que pourvu d'assez de *sonorité* pour une densité aussi faible que la sienne, n'est rien cependant en comparaison des autres, vu sa texture lâche et le peu de matière contenue dans un volume donné.

CHAPITRE XXXII.

On peut aussi avoir la preuve qu'il est impossible que le son, renvoyé par l'écho, soit absolument le même que celui qu'on y a envoyé, en chantant près d'un instrument de cuivre. Chantez ensuite le même ton près d'une guitare ou près d'un piano, l'écho vous renverra un tout autre son; l'écho des murs et autres masses de toute sorte de matière ne rendra jamais les sons tels qu'on les a formés, mais plus ou moins altérés.

Tout corps dont le son que l'on en pourra tirer ne fera point entendre un ton distinct, c'est-à-dire un son que l'on puisse comparer pour l'élévation à un autre, répondra à peu près également à toutes les notes de la gamme; ainsi le corps d'un violon, d'une guitare, d'une basse, d'un piano, qui, frappé n'importe comment et avec quelque autre corps que ce soit, ne rendra aucun ton déterminé, répondra également à toutes les notes et augmentera ainsi la masse de son tiré des cordes, et toujours en proportion de l'intensité de ce son génératif. Tant que les vibrations de la corde ont lieu, elles envoient dans le corps de l'instrument des parties qui, le choquant, en entretiennent le frémissement et en extraient continuellement de nouvelles parties. L'effet de ce son secondaire est non-seulement d'accroître la masse, mais surtout d'adoucir l'âpreté de celui de la corde; ce qu'il est facile de concevoir si l'on réfléchit à la différence de rudesse qu'il doit y avoir entre le choc des parties déliées du fluide même, et celui d'un corps dur sur un autre, et particulièrement du froissement de l'archet sur les cordes. Voilà pourquoi il y a de bons et de mauvais violons.

Ainsi le son est une émanation, un extrait des corps, tout aussi bien que les odeurs.

CHAPITRE XXXIII.

DE L'ÉCHO DES INSTRUMENS,
RÉPONDANT A LA VOIX OU A D'AUTRES INSTRUMENS.

Sur la masse de son qui compose l'écho d'une guitare, par exemple, la quantité fournie par le corps de l'instrument en réponse directe à la voix vaut à peine être comptée (ainsi qu'on peut s'en assurer en chantant près d'une guitare sans cordes), et la quantité fournie par les cordes mêmes n'est encore qu'une faible partie de la totalité de l'écho, comme on peut l'éprouver en chantant près de cordes tendues sur un morceau de bois plein et par conséquent peu sonore. Qu'est-ce donc qui fournit toute la masse de l'écho, si les cordes n'en fournissent qu'une très petite partie, et que le corps même de l'instrument ne réponde qu'à peine au son générateur?

Quoique le corps de l'instrument réponde fort peu à la voix qui le frappe, et que le son de l'écho de l'instrument monté semble être presque uniquement celui des cordes, puisque l'écho sera d'un timbre argentin si les cordes sont toutes de métal, et tout différent si elles sont de boyau, cependant c'est ce corps, en apparence si peu sonore, qui fournit presque seul la totalité de la masse de l'écho. Voici comment ce fait a lieu.

Lorsqu'un instrument ou une voix se fait entendre près d'un instrument à cordes, ce sont les cordes qui répondent d'abord à ce son, puis le corps de l'instrument répond à son tour aux cordes; et comme, ainsi que je l'ai expliqué, les corps à sons confus répondent, lorsqu'ils sont doués d'une vibrance suffisante, et tous les tons et tous les sons, il arrive que cet écho du corps de l'instrument semble n'être uniquement que celui des cordes.

CHAPITRE XXXIV.

DES VIBRATIONS.

On entend par *vibration* deux choses différentes:

1° Le mouvement oscillatoire d'un corps frappé;

2° L'effet que ce mouvement produit à l'oreille.

Les vibrations que l'ouïe perçoit ne sont qu'un renforcement et un affaiblissement successifs d'émission de fluide sonore, ainsi que je vais le prouver.

Comme il n'y a pas de son sans ébranlement, il ne peut y avoir d'ébranlement et par conséquent de son sans vibrations; mais le plus souvent elles sont si petites et si rapides qu'il est de toute impossibilité que l'oreille les saisisse. Leur durée et leur perceptibilité dépendent essentiellement du plus ou du moins de densité, de sécheresse, d'épaisseur, d'élasticité du corps qui les éprouve. Les vibrations sont l'effet de l'ébranlement d'un corps, opéré par le choc d'un autre, et qui produit nécessairement un balancement en deux sens opposés.

Lorsqu'on tire avec le pouce une corde médiocrement tendue de guitare ou de harpe, cette corde aussitôt lâchée s'échappe avec rapidité dans le sens contraire : c'est là qu'elle reçoit la plus violente secousse, c'est aussi là que se fait en quantité plus considérable le dégagement de fluide sonore; mais bientôt revenant sur elle-même, elle doit éprouver un soulagement sensible en repassant par le point médial, qui est celui de sa situation naturelle; de cette diminution d'ébranlement résulte nécessairement un affaiblissement de son, suivi tout aussitôt d'un renforcement causé par la nouvelle secousse qui, de même que l'émission du fluide sonore, serait aussi forte que la première, si la tendance des corps vers le repos n'avait déjà altéré la puissance de son mouvement. Ainsi, d'élans en élans, toujours graduellement affaiblis et moins éloignés du centre, la corde peu à peu revient à l'équilibre. Les vibrations ont donc diminué à mesure et ont cessé juste avec le balancement. Sans cette inégalité dans la production du son, il n'y aurait point de vibrations pour l'oreille.

L'espèce de tremblement ou de frémissement du son n'est donc point l'effet d'une prétendue ondulation, d'un balancement dans l'air, du son déjà produit, mouvement en contradiction évidente avec son extrême vitesse, mais uniquement celui de l'inégale émission de ce fluide, qui a lieu ainsi que je viens de l'expliquer.

Enfin, si la sorte de tremblement que l'on remarque dans les sons d'une certaine durée provenait d'ondulations, l'application du doigt ou d'un autre corps sur le corps vibrant ne pourrait rien sur la durée de ces sons, qui, une fois produits, se trouvent nécessairement indépendans du mouvement du corps producteur; et puisque l'application d'un étouffoir quelconque sur le corps vibrant suffit pour arrêter subitement tout le son qu'il produit, cette espèce d'oscillation n'est donc point l'effet d'une ondulation, mais bien celui de l'inégalité avec laquelle le son se dégage. Il n'y a donc point d'ondulations, mais de simples affaiblissemens et renforcemens d'émission du fluide résultant des vibrations.

CHAPITRE XXXV.

CARACTÈRE RESPECTIF DES DEGRÉS DE LA GAMME.

Le caractère des notes, sous le rapport mélodique, dépend d'abord de leur éloignement de la tonique, ensuite du plus ou moins de distance qui se trouve entre chacune de celles de dessous. Le caractère particulier est encore modifié par la position dans la suite mélodique.

Toutes les notes placées à un demi-ton au-dessus d'une autre sont plus ou moins sombres, et n'offrent de différence entre elles que celle résultant de leur distance respective d'avec la tonique; de même toute note placée à un demi-ton au-dessous d'une autre est niaise.

Par exemple, dans le mode majeur la quarte est sombre, et dans le mode mineur c'est la tierce qui a ce caractère, sauf la modification due à la distance de la tonique; et cela parce que ces deux notes sont également distantes d'un demi-ton d'avec la note inférieure. La seconde du mode mineur est à peu près du caractère niais de la tierce du mode majeur, et cette ressemblance de la seconde du mode mineur avec la tierce du mode majeur est bien plus exacte lorsqu'elle se trouve placée dans la mélodie immédiatement après la note supérieure dont l'élévation d'un demi-ton au-dessus cause son caractère.

La quarte du mode mineur, loin d'être sombre comme celle du mode majeur, tient au contraire beaucoup du caractère de la quinte de ce dernier mode et un peu de celui de la seconde; ce qui provient de sa position diatonique à un ton au-dessus de la tierce, placée elle-même à un demi-ton au-dessus de la seconde;

position qui est absolument la même, par rapport aux deux notes inférieures, que celle de la quinte et de la seconde du mode majeur; il n'y a que l'harmonie qui puisse rendre à cette quarte, par son opposition avec la septième au-dessous, un peu du caractère sombre qu'elle a dans le mode majeur.

La quinte du mode mineur est beaucoup moins fière, moins brillante que dans le mode majeur; elle tient bien à la vérité un peu du caractère de la quinte du mode majeur par la parité de distance d'avec la tonique, mais elle ressemble autant et souvent davantage à la tierce du mode majeur, par la raison que dans le mode mineur la quinte se trouve éloignée de la tierce, *d'une tierce majeure*, distance qui est la même que celle de la tierce à la tonique dans le mode majeur. Cette parité d'élévation de la quinte au-dessus de la tierce dans le mode mineur, avec celle de la tierce au-dessus de la tonique dans le mode majeur, donne à la tierce du mode mineur un peu de la stabilité de la tonique du mode majeur.

La tristesse que l'on exprime avec la tierce du mode mineur est sombre; elle marque sinon le désespoir, du moins que l'espoir vous abandonne; rendue *forté*, elle tient de la fureur; elle peint énergiquement et les mouvemens de la jalousie et le sentiment du reproche.

La tierce du mode majeur est niaise, tendre ou triste; mais lorsqu'elle exprime la tristesse, c'est toujours avec tranquillité, abandon, ou bien avec un élan mélancolique; jamais il ne s'y mêle de jalousie, ni de fureur, ni de reproche : c'est une tristesse de résignation.

Le bémol, que tant de musiciens regardent comme ayant essentiellement un caractère triste, sombre, mélancolique ou tendre, n'a cependant pas toujours cette propriété, et il n'est pas d'ailleurs le seul signe qui produise cet effet, puisque le béquarre sert pour les tons diésés au même usage. En un mot, le bémol accidentel n'est tendre ou sombre que parce que,

CHAPITRE XXXV.

placé sur une note sensible d'un ton, il la fait devenir en la baissant ou quarte d'un ton majeur, ou sixte mineure du ton mineur à la seconde, ou bien que, posé sur une tierce majeure, il la fait devenir tierce mineure; effets qui résultent également de l'application du béquarre sur des notes diézées.

Exemple :

Passage à la quarte.

Passage au mineur du ton.

Le bémol accidentel n'est qu'une marque qui indique de baisser une note d'un demi-ton, et par conséquent le béquarre, lorsqu'il est employé au même usage, revient au même que le bémol; et le bémol, dans ce cas, au même que le béquarre. Ces deux signes sont alors absolument tout aussi tristes l'un que l'autre. En un mot, toute note baissée, que ce soit par un bémol ou par un béquarre, est sombre; comme toute note haussée, soit par un dièze ou par un béquarre, est tendre ou brillante. Mais il ne faut pas croire que tout bémol, placé à la clef, soit une note triste; ni que le ton qui a le plus de bémols soit plus triste que celui qui a des dièzes, ou qui n'a ni l'un ni l'autre. Dans les tons majeurs à bémols, il n'y a de triste parmi les notes qui portent ce signe que la quarte, non pas parce que cette note est bémolisée, mais à cause du caractère du degré toujours tel dans la gamme, quel que soit le ton. Le caractère d'un degré est encore ou augmenté ou affaibli par l'arrangement de la mélodie.

La quarte du ton d'ut est certainement tout aussi sombre, quoique note naturelle, que celle du ton de fa qui est bémolisée; et de même dans un changement de ton à la quarte de sol, en ut, le béquarre posé sur le fa dièze, note sensible de sol, rend cette note, qui devenant naturelle se trouve par là quarte du ton d'ut, la rend, dis-je, tout aussi triste que le bémol dans le même cas, ne rend le si naturel note sensible d'ut, en le faisant devenir quarte du ton de fa.

Bref, une tonique bémolisée n'est pas plus triste qu'une tonique naturelle ou diézée; une seconde, une tierce, une quinte, une septième bémolisées, ne le sont pas davantage non plus que les mêmes degrés ou naturels ou diézés. En un mot, une tonique n'est toujours qu'une tonique, une tierce qu'une tierce, etc. Enfin, preuve que les dièzes et les bémols ne sont rien en eux-mêmes, c'est que trois personnes peuvent jouer ensemble, l'une en ut, l'autre en ut dièze, et la troisième en ut bémol, moyennant, bien entendu, que leurs instrumens soient accordés exprès, et cela sans qu'il y ait la moindre dissonance. Il n'y aura même pas de différence de force ni de netteté, pourvu que celui qui joue en ut naturel ne fasse pas d'à-vides; car c'est uniquement aux à-vides, ainsi qu'à la facilité de doigter, qu'est dû le brillant d'un ton; et la preuve, c'est qu'en jouant sans à-vide, le ton de mi naturel ne sera pas plus brillant que celui de mi bémol.

Il n'y a dans la nature ni ut, ni ré, ni mi, ni ton d'ut, ni ton de ré, ni dièze, ni bémol, ni béquarre; il n'y a que des gammes majeures ou mineures, que des toniques, des secondes, des tierces, des quartes, que des changemens de ton à la quarte, à la quinte, que des tons haussés ou baissés. Mais pour écrire la musique, il a bien fallu des notes, ainsi que des signes pour les monter ou les descendre, et pour s'entendre, il était indispensable de leur donner des noms.

J'ai entendu mille fois des musiciens s'étonner de ce que les routiniers, sans connaître une seule note, peuvent trouver des airs sur leur instrument.

C'est pourtant par les caractères respectifs des divers degrés de la gamme que, sans le savoir, ces routiniers parviennent à trouver la suite de leurs intonations. Ils sentent, sans pouvoir en donner de raison, qu'à telle distance du ton qu'ils font actuellement, doit se trouver celui qui lui succède : ils ne savent pas qu'ils font ou vont faire ou des *ré* ou des *ut*, ni dans quel ton ils sont; mais n'importe dans quel ton le hasard les ait fait prendre leur chant, c'est-à-dire à quel point du diapason ou de l'étendue de leur instrument ils aient commencé leur air, s'ils sont bien organisés, ils sentent fort bien que telle intonation qui, d'après leur point de départ, et d'après l'arrangement des autres intonations, produit tel effet, ou, ce qui revient au même, offre tel caractère, doit se trouver à telle distance. Ils sentent fort bien que telle note de leur instrument ne produit pas le même effet, lorsqu'ils commencent leur chant ou plus haut ou plus bas. Ils sentent même, sur les instrumens à cordes, s'il faut ou reculer ou avancer tel doigt, bien qu'ils ne connaissent ni dièses, ni bémols, ni béquarres; tandis que nous voyons tous les jours des musiciens, ou soi-disant tels, exécuter, sans que leur oreille en soit blessée, des fautes de gravures les plus destructives de la mélodie, et par conséquent les plus évidentes.

Certes, le routinier est moins loin de la vérité que le demi-musicien.

CHAPITRE XXXVI.

DU CARACTÈRE PARTICULIER DES DEGRÉS DE LA GAMME.

Le caractère de la tonique porte à prononcer la voyelle *o*, seulement il se trouve quelquefois *sombrifié* et porté vers l'*ou*, alors que ce degré se trouve répété alternativement avec la note sensible; répétition qui le rapproche un peu, en ce cas, du caractère de la quarte, par la similitude de la distance de ces deux degrés respectifs avec leur note inférieure, qui n'est qu'à un demi-ton.

Ceux des degrés dont la qualité de son est le plus déterminée sont dans le mode majeur, la tierce *in*, la quarte *ou* et la quinte *a*; et en mineur, la tierce *eu* et la sixte *ou*.

Gamme majeure :

Tonique, seconde, tierce, quarte, quinte, sixte, septième,
   o.   *e*.   *in* (fort.) *ou*   *a*   *i*   *u*
octave.
o

Gamme mineure :

Tonique, seconde, tierce, quarte, quinte, sixte majeure,
  o   *in* (faible.)   *eu*   *o*   *a*   *i*
sixte mineure, septième, octave.
   ou   *e*   *o*

Il faut observer que dans les chants ces caractères se trouvent plus ou moins modifiés par ceux des degrés voisins; que plus les degrés se rapprochent du bas de la voix, plus le son inhérent à leur caractère respectif se confond avec le son de la voyelle *ou*, qui est le type du *grave;* de même que plus ils se rapprochent du haut, et plus leurs sons se confondent avec celui de l'*i*, qui est le type de *l'aigu*.

Cette sorte d'expression que nous donnons en chantant au caractère de chaque degré n'y est pas à la vérité ajoutée par les instrumens artificiels ; mais chaque degré ne porte pas moins et à l'esprit et au cœur l'idée des sentimens de son caractère particulier; cette expression qui manque aux sons résulte du rapport des tons, et se trouve en nous-mêmes.

C'est de ces divers élémens que les chants se composent; c'est de l'arrangement de ces divers degrés, que l'on nomme mélodie, et du plus ou moins de répétition de tel ou tel degré, que résulte le caractère du chant.

En mode majeur, avec beaucoup de tierces et de secondes, on formera l'air le plus niais; avec beaucoup de toniques, un chant grave; avec beaucoup de quintes et un peu moins de toniques, un chant fier, éclatant; avec beaucoup de descentes de tierces, secondes et toniques, un chant mélancolique.

En mode mineur, avec beaucoup de tierces, on fera un chant sombre; avec beaucoup de chutes de la sixte sur la quinte, un chant plaintif.

Il ne faut donc pas considérer les degrés de la gamme séparés comme de simples voyelles de la langue musicale, et les ensembles de deux, trois, quatre, comme des mots; dans ce système, les degrés ne seraient rien en eux-mêmes; point de caractère intrinsèque de degrés ; ce qui est, comme je le démontre, de la plus extrême fausseté.

CHAPITRE XXXVII.

PRESTIGE DES TONS.

Qu'est-ce qu'un *ton ?* c'est une élévation de *son* considérée relativement à une autre. Donc il ne saurait y avoir dans la nature d'élévation qui soit le type des autres, et par conséquent il n'y a pas de ton dont les autres soient dépendans.

On a porté le faux raisonnement jusqu'à dire qu'il y avait des tons favoris pour la voix, même sans accompagnement d'instrumens.

En quoi donc peut consister pour un tel instrument, la voix, la différence de brillant de tel ou tel ton? en quoi consiste un ton dans un instrument qui n'a ni cordes, ni trous, ni touches, et qui dans toute son étendue n'a pas de degrés, de points marqués, et qui peut les faire tous, non pas en partant de tel point fixé, puisqu'il n'y a pas de points, mais en partant indéfiniment de quelque type imaginable que ce puisse être. Je voudrais bien qu'on me dît dans quel ton je chante, lorsqu'il n'y a pas d'instrumens, s'il y a des dièzes ou des bémols! Ce ton ne dépend-il pas d'ailleurs du plus ou du moins d'élévation de l'instrument sur lequel on le prend? votre ton de fa d'aujourd'hui, si l'instrument se trouve plus bas d'un demi-ton qu'hier, ne sera-t-il pas le ton de mi en comparaison du ton d'hier? or ce ton de fa d'aujourd'hui est-il fa ou mi?

L'expérience seule ne devrait-elle pas avoir démontré à tous les chanteurs qu'en prenant un instrument pour base, le ton brillant était tantôt *sol*, tantôt *ut*, tantôt *mi;* c'est-à-dire que ce brillant dépendait de la facilité, et la facilité du point de départ ou d'élévation les plus avantageux pour parvenir du plus haut jusqu'au plus bas de l'air ; et que sans comparaison avec les instrumens, il n'y avait ni ton ni note pour la voix.

En quoi consiste une gamme? En des degrés qui sont des tons et des demi-tons. En quoi peut consister la différence d'une gamme à une autre? Dans la manière d'arranger les tons et les demi-tons. En quoi donc peut consister la différence entre plusieurs tons dont l'arrangement est le même?

Pour qu'il pût y avoir, à la voix, des tons différens quant au brillant, il faudrait qu'il y eût autant d'arrangemens des divers degrés de la gamme que de tons ; car, comme je viens de le dire, la différence des gammes consiste dans le placement respectif des tons et des demi-tons. Or, on sait qu'il n'y a que deux manières et deux gammes, la gamme majeure et la gamme mineure. En quoi consistent donc les autres différences de caractère que vous prétendez trouver entre tel et tel ton de même mode, considérés seuls et sans rapport des distances avec un ton précédent? Est-ce dans l'influence, dans le pouvoir magique de misérables mots tirés, par Guy d'Arezzo, d'un hymne latin!

J'ai souvent entendu des musiciens s'écrier avec enthousiasme : *Que ce ton de mi bémol est beau ! est triste !* ou bien: *Cela doit être bon, car c'est en tel ton !* ou encore, à la suite d'un mauvais morceau, *Cela est étonnant, car c'est pourtant un beau ton !* attribuant ainsi au caractère imaginaire des tons et la beauté du chant et l'effet de la transition.

Pour qu'un ton pût avoir en lui-même un caractère différent des autres, il faudrait que les degrés de la gamme ne fussent pas arrangés dans le même ordre; mais s'il en était ainsi (ce qui n'est pas), ce ne serait plus une différence de ton, mais de mode.

Voulez-vous rendre encore plus triste, plus sombre votre ton de mi bémol, et avoir en même temps une preuve que l'effet d'un ton n'est que relatif? jouez pendant quelques instans des chants qui ne soient qu'en ut majeur, ou au moins qui n'aient pas de reprise entière en d'autres tons ; ou bien, jouez ainsi en sol mineur ; l'oreille plus habituée à ces tons sera bien plus frappée du changement de point de départ, quand même il y aurait eu de la distance de temps entre les deux tons, et cet effet sera dû à ce que la nouvelle tonique, mi bémol, est la tierce mineure de la tonique *ut* et la sixte mineure de la tonique *sol*.

Mais voulez-vous que votre ton de mi bémol perde sa prétendue vertu ? jouez long-temps et sans intermédiaire en ut dièse majeur, ou bien jouez en fa, en ré aussi long-temps, vous trouverez votre ton de mi bémol plat, désagréable même, s'il ne s'est pas passé assez de temps entre les deux tons.

Voulez-vous que votre ton de mi bémol soit brillant, gai ? jouez long-temps en la bémol ; lorsque vous viendrez prendre le ton de mi bémol, vous serez étonné du brillant de ce ton ; et pourquoi cet effet ? parce que la nouvelle tonique, mi bémol, est quinte de la tonique la bémol.

Mais ce sont toujours, diront les routiniers, ce sont des bémols qui opèrent, qui causent le sombre des tons.

Voici maintenant un moyen bien simple de vous convaincre que ce n'est point aux bémols que les tons doivent leur qualité sombre, mais uniquement à la distance et au rapport du ton actuel avec les tons précédens. Accordez, par exemple, deux violons à un demi-ton de distance l'un de l'autre ; jouez d'abord avec celui accordé le plus haut en ut majeur ou mineur, en sol mineur, en si bémol ; puis prenez de suite votre autre violon qui est accordé le plus bas, et jouez en mi naturel, *quatre dièses à la clef*, et vous aurez avec ce ton brillant le même effet sombre que si vous eussiez joué en mi bémol avec un violon de même élévation que le premier, parce que votre ton de mi naturel du violon le plus bas revient au même que le mi bémol sur le violon le plus haut, et que ce mi, quoique naturel, ne s'en trouve pas moins *tierce mineure* de la tonique ut de l'autre violon, ainsi que *sixte mineure* de la tonique sol, *quarte* de la tonique si bémol.

Lorsque je joue ainsi avec quatre dièzes, sont-ce les bémols qui attristent ou *sombrifient* mon chant?

Il y a plus, on peut jouer trois ensemble, l'un sans dièzes ni bémols, l'autre avec tous bémols, et le troisième avec tous dièzes; et cela sans qu'il y ait d'autre différence (à égalité parfaite de qualité d'instrument et de talent des exécutans) que celle résultant du plus de tension des cordes de chacun des trois violons. Le violon accordé le plus bas jouera en ut dièze, sept dièzes à la clef; celui accordé d'un demi-ton plus haut que le premier jouera un demi-ton plus bas, c'est-à-dire en ut naturel; et le troisième, accordé encore un demi-ton plus haut que le second, jouera en ut bémol, sept bémols à la clef. Quel est celui qui joue en ut naturel? quel est celui qui joue en ut dièze? quel est celui qui joue en ut bémol? Que font donc les dièzes? que font donc les bémols?

Les tendres bémols! disent certains musiciens.

Comment n'avoir pas découvert que le bémol, le prétendu *tendre bémol*, ne sert à rendre la note sombre, triste ou tendre que lorsque, posé accidentellement sur une note naturelle, il la diminue et annonce ainsi ou le changement de ton ou le changement de mode! Comment n'a-t-on pas remarqué en outre que le béquarre produit absolument le même effet posé de la même manière sur une note diézée, et qu'ainsi le béquarre est dans ce cas aussi tendre que le bémol, que le bémol n'est là qu'un vrai béquarre, comme le béquarre un vrai bémol, et enfin que ce n'est point du tout au bémol, pas plus qu'au béquarre, qu'appartient ce caractère, mais bien à la diminution même à laquelle la différence des signes indicatifs ne peut faire éprouver aucune modification.

On aurait encore dû remarquer que ce prétendu caractère

de tendresse est bien plus nul dans les bémols placés à la clef d'un ton, et que ces signes ne peuvent par conséquent lui communiquer ce caractère, puisque les degrés de la gamme sur lesquels ils se trouvent posés n'en reçoivent aucune diminution, aucune altération, mais sont précisément aux mêmes distances respectives des autres degrés que dans tout autre ton du même mode, soit avec dièze ou sans dièze ; que, par exemple, le si bémol dans le ton de mi bémol est absolument à la même distance de mi bémol tonique, que le sol l'est de l'ut dans le ton d'ut, que le ré l'est de sol dans le ton de sol ; que dans les tons majeurs, la seule note à caractère sombre, parmi celles qui portent un bémol, est la quarte; mais d'ailleurs que le caractère de cette note est le même et tout aussi sombre dans les tons qui n'ont pas de bémols ; par exemple, le fa dans le ton d'ut, l'ut dans le ton de sol le sont autant que le la bémol dans le ton de mi bémol. Ainsi ce n'est point parce que le la est bémol qu'il se trouve sombre dans le ton de mi bémol, mais uniquement parce qu'il y est quarte, et que ce degré de la gamme, également placé dans tous les tons majeurs, possède essentiellement ce caractère, qu'il tient de sa position à un demi-ton au-dessus de la tierce et à une quarte majeure au-dessus de la tonique. On aurait dû remarquer enfin que tous les autres degrés de la gamme qui portent des bémols, conservent également le caractère particulier qu'on leur trouve dans les tons sans bémols ; que, par exemple, le si bémol, loin d'être sombre ou tendre dans le ton de mi bémol, y est au contraire fier et brillant, et cela parce que comme quinte du ton, il ne saurait avoir d'autre caractère.

S'il y a plus de chants sombres ou tendres en mi bémol que dans les autres tons, c'est que, par suite de cette absurde prévention, on écrit de préférence dans ce ton la plupart des chants qui ont ce caractère.

Le caractère des notes et des intonations n'existe pas en elles-mêmes, mais il est relatif à un point de départ, c'est-à-dire qu'il dépend du degré que ces notes et ces intonations occupent dans la gamme, et du mode où elles se trouvent. Que, par exemple, ce fa si triste dans le ton de ré mineur, dont il est la tierce, devienne sans interruption tonique du ton de fa majeur, ne voyez-vous pas tout à coup ce caractère si sombre remplacé par un autre ou fier ou décidé, par conséquent d'une essence tout-à-fait opposée.

Il n'y a donc point, je le répète, de notes dans la nature, non plus que de type d'élévation pour les intonations; il n'y a que des degrés de gamme, tonique, seconde, tierce, etc.; que deux modes, que des tons plus ou moins élevés par comparaison avec celui de départ, c'est-à-dire à la quarte, à la quinte d'un autre ton principal. Le ton de fa, par exemple, que certains routiniers regardent comme majestueux, les autres comme déchirant, sera plus ou moins sombre après le ton d'ut dont il est distant d'une quarte; brillant après le ton de si bémol dont il est distant d'une quinte; fier après le ton de ré mineur dont il est distant d'une tierce mineure, et par conséquent ton relatif. C'est donc la dernière absurdité de dire que le ton de ré est en lui-même plus brillant que le ton d'ut, puisque cet ut et ce ré n'existent point dans la nature, et ne sont rien que des mots, des signes de convention, des dénominations uniquement destinées à s'entendre, et puisque enfin s'il n'y a dans la nature ni ut ni ré, il n'y a de même ni ton d'ut ni ton de ré.

Ce serait encore à tort que l'on voudrait prétendre que l'effet de tel ton sur tel individu pourrait dépendre d'un certain rapport de son élévation avec le système nerveux; puisque quelle que soit l'élévation de leur instrument, qu'il se trouve d'un demi-ton, d'un ton, d'une tierce majeure ou mineure, ou plus bas ou plus haut (ce qui par conséquent ne fait plus le même ton, mais bien autant de tons différens), ils n'en trouveront pas moins à tel nom de note le même caractère imaginaire qu'ils lui attribuent : ce n'est donc autre chose qu'une prévention, qu'une erreur des plus grossières.

Baissez d'un ton votre guitare, après toutefois avoir cessé de jouer pendant un certain laps de temps, et vous n'en trouverez pas moins à chacun de vos tons favoris les caractères particuliers que vous avez coutume de leur attribuer. Ainsi votre ton de ré sera toujours votre ton de ré, quoiqu'au fond et relativement au type conventionnel ce ré ne soit plus vraiment qu'un ut. Jouez de douze flageolets de différens tons, et vous trouverez toujours que ce sera ce ton de sol qui sera le plus brillant, quoique réellement le sol de onze de ces douze instrumens de divers tons ne soit point du tout un sol relativement à l'élévation reçue, mais bien un ut, un ré, un mi, etc. Ce n'est donc pas de telle élévation que dépend le brillant ou le non-brillant d'un ton, considéré indépendamment de son caractère relatif à celui qui le précède, mais bien du plus ou du moins de coulant de doigter, ainsi que du degré de *sonorité* de certaines notes.

C'est encore à ces fausses idées que nous devons incontestablement ce proverbe imbécile qui est encore dans toutes les bouches, que *c'est le ton qui fait la musique*.

Un mauvais chant, ou, ce qui est la même chose, une mauvaise suite mélodique, sera toujours telle dans tous les tons possibles; au contraire, un beau chant sera nécessairement beau dans quelque ton que vous le puissiez jouer. Si un air produit plus d'effet dans tel ou tel ton, ce n'est point du tout parce que c'est tel ou tel ton, mais bien seulement parce qu'il se trouve ainsi au degré d'élévation le plus convenable pour son caractère, c'est-à-dire le plus analogue à l'idée que l'on veut rendre, ou bien parce que la suite mélodique (ou pour mieux me faire entendre), la suite de notes est plus coulante à l'instrument sur ce ton-là, ou enfin à cause du plus de *sonorité* de telle ou telle note qui se trouve être tel degré de la gamme.

Une autre preuve que ces prétendus caractères particuliers

et absolus des divers tons ne sont que prestige, et que ce prestige est l'effet de la facilité et des différences particulières du doigter respectif de ces tons, c'est que, quelle que soit l'élévation où soit accordé l'instrument à cordes, ou quel que soit le ton de l'instrument à vent que l'on joue, on n'attache pas moins l'idée de tel ton au doigter de ce ton ; on ne prête pas moins à ce ton de ré, par exemple, le caractère brillant que l'erreur attribue à ce ton, quoique l'instrument se trouve être plus élevé ou plus abaissé d'un ton que de coutume, et bien qu'alors ce ton de ré ne soit, relativement à l'élévation précédente et habituelle, qu'un ton d'ut ou de mi. Il y a plus, c'est que si l'on joue seul quelque temps sur un alto en pensant jouer sur un violon, le ton de sol de cet alto semblera être le ton de ré du violon, et cela par l'effet de la similitude de position de la corde la du premier instrument avec la corde ré du second.

Telle est enfin la force de ce honteux préjugé que j'ai entendu dire à un homme de beaucoup d'esprit, à un critique judicieux, à un homme enfin que j'estime trop pour me permettre de le nommer ici, que ce qui avait nui à l'effet d'un morceau de musique connu c'était que l'arrangeur l'avait transposé du ton d'ut à celui de si bémol, selon ce que son oreille avait pu lui apprendre ; ce qui, ajoutait-il, le dénaturait totalement.

Comme si le mauvais effet de l'emploi de tel ton au lieu de tel autre n'était pas uniquement le trop haut ou le trop bas, ou la difficulté de doigter.

En un mot, il n'y a pour l'oreille ni ut, ni ré, ni mi, ni dièzes, ni bémols, ni béquarres ; mais bien seulement des toniques, des secondes, des tierces, des tons haussés ou des tons baissés ; les notes, ainsi que les dièzes, les bémols et les béquarres, ne sont que pour la vue et le doigter des instrumens ; ce n'est rien autre chose que des signes pour s'entendre.

CHAPITRE XXXVIII.

DE LA MULTIPLICITÉ DES MESURES.

Il n'y a réellement que deux mesures; la mesure à deux temps et celle à trois temps. Le six-huit est l'ensemble ou la réunion des deux; c'est une mesure à deux temps formée de deux mesures à trois temps; elle est par conséquent le double des deux mesures primitives. Le quatre temps n'est qu'un deux temps subdivisé et pourrait être conservé comme ne compliquant pas, puisque la masse de valeurs est la même. Mais le C barré, ¢, est un signe qui n'indique plus rien, et qui n'est plus employé que par des pédans.

Mesure à C barré ¢, soi-disant à quatre temps légers, selon les uns; selon les autres, à quatre temps légers à volonté ou à deux temps graves; et enfin, selon d'autres encore, tout simplement à deux ou à quatre temps, selon la force de celui qui exécute!

Comment donc pouvoir concilier et la légèreté et la lenteur? Un morceau peut-il jamais être à la fois à quatre temps légers, d'après l'indication de ce signe ¢, et d'un mouvement grave, d'après l'indication contraire des mots *lento, adagio*, etc.? Non, sans doute, cela est impossible. Cependant une infinité de morceaux, entre autres le *lento* introductif de l'ouverture de *Lodoïska*, de Kreutzer, sont en même temps indiqués, et *lento*, et *à quatre temps légers!* Quelle est donc cette manie de certains compositeurs de continuer à employer ce C barré, ¢, auquel on attache une idée absurde, et sur lequel même les musiciens ne s'accordent pas, de l'employer de préférence ou à 2, ou au C ordinaire?

A deux ou à quatre temps (disent quelques-uns), *selon la force de celui qui exécute!* Que signifie ce pompeux *ad libitum?*

CHAPITRE XXXVIII.

ne voilà-t-il pas une fière difficulté à vaincre que la distribution en quatre temps? et tout musicien réellement tel ne voit-il pas, même malgré lui, quatre temps dans un deux-temps carré tel que 2 ou $\frac{2}{4}$, mesures qui ne sont que des doubles l'un de l'autre, ainsi que la mesure à C et à ¢! Cette prétendue difficulté, quand il serait vrai qu'elle existât, serait-elle enfin comparable à celle de l'exécution des valeurs, ou du doigter, ou des intonations? Autant et mieux vaudrait dire aussi que tel morceau est exécutable pour qui est de force, ou à laisser pour celui qui ne l'est pas.

Quelle différence y a-t-il entre une grande et une petite mesure, entre la mesure à trois-quatre et celle à trois-huit, entre la mesure à deux temps et celle à deux-quatre? la différence qu'il y avait entre le six-quatre et le six-huit, c'est-à-dire un peu plus d'encre.

Quant au neuf-huit $\frac{9}{8}$, on le remplace par le trois-temps ordinaire, au moyen des trois-pour-deux; le douze-huit $\frac{12}{8}$ se fait avec le deux-temps ordinaire et aussi avec les trois-pour-deux.

La preuve que cette multiplicité des mesures est une absurdité, une complication gratuite, une invention du charlatanisme, et qu'en un mot les grandes et les petites mesures ne sont que des doubles inutiles les unes des autres, c'est qu'il est deux moyens de transformer un grand deux-temps en un deux-quatre, et *vice versâ*. La première manière de changer le 2, C ou ¢, en deux-quatre consiste à ajouter une barre de mesure entre chaque temps, et à faire par conséquent deux mesures d'une seule, chaque temps formant ainsi une mesure entière, la seule différence d'exécution se trouve dans le mouvement du pied, qui sera ainsi plus fréquent du double, y ayant alors un *frappé* à la place du *levé* du second temps de la grande mesure, lequel devient une mesure entière de *deux-quatre*, et un *levé* à chaque moitié de temps de grande mesure, laquelle devient un temps de la petite.

DE LA MULTIPLICITÉ DES MESURES. 177

Exemple :

La seconde manière, encore plus frappante en ce qu'elle ne change même pas le mouvement du pied, qui ne se fera ni plus ni moins de fois, et sur les mêmes notes, consiste à changer les blanches en noires, à ajouter une barre ou un crochet à toutes les noires, croches, doubles croches, etc., ainsi qu'une queue aux rondes.

Exemple :

Jouez le même air de ces deux manières, et voyez s'il y a la moindre différence.

Pour le changement du *trois-quatre* en *trois-huit*, et *vice versâ*, il n'y a qu'une seule manière qui est d'ajouter ou de retrancher une barre ou un crochet aux noires, croches, etc., vu qu'une mesure à trois temps ne peut se couper par la moitié, sans dénaturer le chant; pour le subdiviser, il faudrait d'une en faire trois, ce qui ne pourrait se faire que dans un mouvement très lent.

CHAPITRE XXXVIII.

Exemple:

Toutes les réformes proposées ou exécutées ont été incomplètes, insuffisantes, même quelquefois impraticables, ou au moins mal entendues et désavantageuses. En général on a montré une grande inconséquence, et prouvé clairement que l'on n'avait pas de but en introduisant des changemens.

Un auteur de principes, que d'ailleurs j'estime infiniment, M. de Momigny, n'a pas craint d'attaquer, de traiter d'insignifiantes et de ridicules les expressions abréviatives de six-huit $\frac{6}{8}$ et deux-quatre $\frac{2}{4}$, en proposant de les remplacer par ces longues périphrases : *mesure à six huitièmes de ronde et à deux temps, mesure à deux quarts de ronde et à deux temps,* etc. Je ferai observer ici qu'il n'y a rien de plus inexact dans ces abréviations que dans tant d'autres expressions elliptiques, telles que *seize* pour *seizième*, *quatre* pour *quatrième*, Louis XVI, Henry IV, mil sept cent *quatre-vingt*, pour l'année mil sept cent *quatre-vingtième*, et que l'abréviation musicale est même plus avantageuse encore que celles que je cite, puisqu'elle épargne infiniment plus de sons et de temps. S'il y a du ridicule, c'est dans la multiplicité de ces signes.

Un autre reproche que l'on peut faire au même auteur, c'est celui d'inconséquence. N'est-il pas singulier qu'après avoir parfaitement démontré l'inutilité de plusieurs mesures depuis long-temps avec raison abandonnées, telles que le *six-quatre* et le *trois-deux*, mesures qui, dit-il fort bien, revenaient au même que le *six-huit* et le *trois-quatre,* dont elles étaient des doubles

DE LA MULTIPLICITÉ DES MESURES. 179

superflus; qu'après avoir démontré, dis-je, leur inutilité et la raison que l'on avait eue de ne plus s'en servir, il n'ait cependant pas osé prouver en même temps que le *trois-quatre* et le *trois-huit* ne sont tout également que des doubles plus inutiles l'un que l'autre, et ainsi des mesures 2, C, ₵ et *deux-quatre*.

En résumé, il ne doit y avoir que *trois mesures différentes*, en y comprenant la mesure à six-huit, qui n'est qu'un composé des mesures à deux et à trois temps.

CHAPITRE XXXIX.

DE LA MULTIPLICITÉ DES CLEFS.

On avait autrefois l'inconcevable manie de multiplier les clefs à l'infini. Depuis, quelques-unes ont été à la vérité supprimées; mais les novateurs, en conservant encore trois et quatre fois plus de clefs qu'il n'en faut réellement, se sont montrés beaucoup trop timides dans une suppression que réclamaient, de leur discernement, la raison et les véritables intérêts de l'art. A quoi bon en effet cette infinité de clefs dont quelques compositeurs embrouillent sans utilité et sans raison leur musique, que les élèves sont forcés d'apprendre à lire de deux ou trois manières différentes pour un seul instrument? Que dirait-on à celui qui proposerait d'écrire notre langue sur un double, un triple alphabet?... Pourquoi donc ne pas s'en tenir à la clef de *sol* sur la seconde ligne, et la clef de *fa* sur la quatrième?

La seule considération qui puisse même justifier l'emploi de plus d'une clef, c'est sans contredit la trop grande étendue d'un instrument; tels sont le piano et la harpe. Il ne devrait

CHAPITRE XXXIX.

donc y avoir tout au plus que deux clefs : la *clef de sol* pour le chant de la harpe et des instrumens à clavier, ainsi que pour les instrumens à cordes et les instrumens à vent chantans; et la *clef de fa* sur la quatrième ligne pour le bas du piano et de la harpe, ainsi que pour la basse, la contre-basse, le basson, le serpent, le trombonne et aussi l'alto, puisque, à deux octaves près, sa monture est la même que celle de la basse.

On dit, et chacun répète, qu'il n'y a que trois clefs, parce qu'il n'y en a que de trois formes; mais la vérité est qu'à part la figure de la marque indicative, qui ne fait rien à la chose, il y en a réellement *six*, puisque la clef d'*ut* se place à volonté sur trois lignes différentes et celle de *fa* sur deux ; je ne parle pas du double placement de la clef de *sol* sur la première ligne par la raison qu'elle revient au même que celle de *fa* sur la quatrième, outre qu'elle est totalement inusitée dans la musique moderne.

Autrefois, comme pour le plaisir de compliquer les difficultés de l'étude musicale, on mettait à la clef d'*ut* la partie médiante du diapazon du clavecin. C'est ainsi qu'on croyait faire de la science, quand on ne faisait que de la pédanterie. Aujourd'hui, à la vérité, la clef de *sol* sur la seconde ligne est seule employée; mais les partitions sont encore embarrassées de cette fatigante inutilité qui, sans profit pour l'art, force les musiciens, surtout ceux qui se destinent au chant, à savoir lire sur un grand nombre de clefs ce qu'ils n'auraient à apprendre que sur une seule ou tout au plus sur deux.

Quoi de plus choquant encore que l'emploi de la clef d'*ut* au basson; et pourquoi, si l'on y veut deux clefs, ne pas employer la clef de *sol* pour la seconde?

Si du moins l'alto et la basse s'écrivaient sur la même clef, ce serait une grave erreur de moins en musique, et une grande facilité de plus pour les musiciens[1].

(1) Il y a pourtant des gens qui s'imaginent, comme il y en a une foule qui croient que la transposition dans un autre ton change la mélodie, il y en a, dis-je,

J'ose prédire que les réformes que je propose auront lieu un jour ; mais je sens fort bien aussi que ce n'est pas nous qui jouirons de ce bienfait, vu la quantité, la masse immense de musique écrite dans le système contraire.

CHAPITRE XL.

DU DIÈZE, DU BÉMOL ET DU BÉCARRE.

Quel signe emploie-t-on pour baisser d'un demi-ton un double dièze? le dièze!... Voilà donc le dièze qui sert à baisser la note ; or, *si le dièze baisse quelquefois, il ne hausse pas toujours.*

C'est là un point très simple à expliquer ; cependant aucun auteur de méthode ne l'a, suivant moi, ni justement, ni clairement défini. Tous ont ainsi expliqué la valeur de ces signes accidentels.

Le dièze, ont-ils dit, *hausse* la note d'un demi-ton, le bémol la *baisse* d'un demi-ton, et le bécarre remet la note dans son ton naturel. Le double dièze hausse la note d'un ton et le double bémol la baisse d'un ton.

Comment des musiciens n'ont-ils pas pu s'apercevoir combien ces définitions sont défectueuses? et comment n'ont-ils pas prévu que des élèves sans beaucoup d'intelligence pourraient tomber dans l'erreur par suite de cette mauvaise définition? Car enfin s'il était vrai que le dièze ne haussât jamais la note que d'un demi-ton, ce signe ne serait-il pas propre aussi bien que le bécarre à supprimer le bémol d'une note? et alors une note

qui s'imaginent que le changement de clef d'un air peut altérer le caractère de cet air.

Voyez la prétendue *Méthode* de Jean Bisch.

diézée serait en même temps une note naturelle; et de même, si le bémol ne baissait jamais la note que d'un demi-ton, ce signe ne serait-il pas propre à tenir lieu du bécarre pour supprimer le dièze; ainsi une note serait à la fois et bémole et naturelle. Mais, répondra-t-on, ce serait une confusion dont personne ne s'avisera jamais. Eh! c'est tout justement une confusion dont plusieurs auteurs se sont avisés, amenés à cette bévue par la fausse définition du dièze et du bémol; persuadés, d'après ce qu'ils avaient lu, que le bémol ne peut jamais baisser la note que d'un demi-ton, chaque fois qu'ils avaient un dièze à faire disparaître, c'était le bémol qu'ils employaient au lieu du bécarre. Par exemple, pour faire du fa dièze un fa naturel, ils mettaient un bémol devant le fa, et ils croyaient ne marquer que la diminution d'un demi-ton, quoique marquant réellement un ton, puisqu'ils tombaient dans le mi naturel.

D'ailleurs il n'est pas vrai que le dièze hausse toujours la note; car il la baisse au contraire d'un demi-ton, lorsqu'il succède à un double dièze qu'il efface; le même effet que produit le bémol devant une note naturelle ou le bécarre devant le dièze. Dans ce cas il est vraiment le bécarre du double dièze, au lieu que, d'après la définition des faiseurs de principes, le dièze haussant toujours la note d'un demi-ton, hausserait encore le double dièze, et ainsi le dièze qui suit un double dièze serait un triple dièze. Ils se trompent encore, quand ils disent aussi que le double dièze monte la note d'un ton entier; ce signe ne se mettant jamais que sur une note déjà diézée[1] ne la hausse

(1) Le double dièze ne s'emploie que devant une note diézée, précédant une autre note diézée, de laquelle on veut rapprocher la première à la distance d'un demi-ton.

par conséquent que d'un demi-ton, de même que le dièze hausse d'un demi-ton la note naturelle.

Ce que j'ai dit du dièze et du double dièze s'appliquerait également au bémol et au double bémol, en sens inverse; mais on n'en a presque jamais l'occasion.

Quant à la définition du bécarre, elle est aussi inexacte; car s'il était vrai que le bécarre ne baissât ou ne haussât jamais la note que d'un demi-ton, ce signe serait propre à effacer le double dièze pour lui faire succéder le dièze simple; et ainsi, une note bécarrée serait en même temps note diézée, contradiction choquante, mais conséquence naturelle et rigoureuse de la fausse définition donnée par toutes les méthodes.

Voici en un mot comment il faut, suivant moi, expliquer la valeur du dièze, du bémol et du bécarre, du double dièze et du double bémol.

Le dièze hausse la note d'un demi-ton, et le bémol baisse d'autant la note naturelle qui suit l'un ou l'autre de ces signes. Le bécarre est un signe mixte, qui hausse ou baisse la note selon l'occasion, c'est-à-dire qu'il baisse d'un demi-ton la note diézée et qu'il hausse d'autant la note bémolisée. Il fait sur la note diézée l'effet du bémol, et sur la note bémolisée l'effet du dièze. En un mot, IL EFFACE ET LE DIÈZE ET LE BÉMOL.

Le double dièze hausse d'un demi-ton la note déjà diézée, et le double bémol baisse d'autant la note déjà bémolisée. C'est le simple dièze qui sert de bécarre au double dièze, et le simple bémol qui sert de bécarre au double bémol. Le bécarre ne s'emploie point après ces doubles signes.

Il faut enfin, pour éviter de tomber dans des erreurs si communes chez les musiciens, s'habituer à ne voir dans tous ces signes que des moyens ou des marques pour hausser ou baisser les notes d'un demi-ton.

Lorsque deux notes dans la gamme d'ut ont entre elles la distance d'un ton, le dièze de la note inférieure fait le bémol de

CHAPITRE XL.

la note supérieure, comme le bémol de la note supérieure fait le dièze de la note inférieure : ainsi fa dièze et sol bémol ne sont qu'une seule et même note; mais quand il n'y a qu'un demi-ton de distance entre les deux notes, le dièze de la note inférieure n'est autre que la note même naturelle supérieure, et le bémol de celle-ci fait la note naturelle inférieure. Ainsi mi dièze et fa naturel ne sont qu'une seule note, et fa bémol et mi naturel ne sont également qu'une seule et même note.

Néanmoins, pour les instrumens dont les tons ne sont pas fixés, tels que le violon, l'alto et la basse, ainsi que pour la voix, ces degrés n'ont pas toujours les mêmes caractères; mais il ne faut pas croire ce que disent certains professeurs, savoir, que le mi bémol soit toujours plus élevé que le ré dièze. Sans doute, comme tonique du ton de mi bémol, cette note sera un peu plus haute que le ré dièze comme tierce de si majeur; mais comme tierce d'ut mineur ou quarte du ton de si bémol, ce même mi bémol sera plus bas que ce ré dièze tierce de si, ou pour le moins son égal; mais il sera sensiblement plus bas que le ré dièze septième, ou note sensible du ton de mi. Les septièmes majeures non-portant harmonic et placées contre les toniques, les tierces même placées ainsi sous la quarte, supportent aussi bien que toute sensible accidentelle un très haut degré de rapprochement.

CHAPITRE XLI.

FAUSSES DÉNOMINATIONS DE MI DIÈZE ET SI DIÈZE, POUR MI ET SI NATURELS[1].

Beaucoup de compositeurs ont encore l'habitude de mettre mi dièze et si dièze pour mi et si naturels. Quel est le but de cette étrange confusion ?

Ce mi, qu'ils appellent *mi bémol*, est *réellement bémol*, c'est-à-dire d'un demi-ton plus bas que le mi naturel, et il est la même note que le ré dièse ; tandis que ce mi qu'ils appellent *mi dièze* n'est *nullement dièze*, c'est-à-dire d'un demi-ton au-dessus du mi naturel, et il n'est point la même note que fa naturel, ce qui serait cependant, s'il était réellement ce qu'ils disent qu'il est. En un mot, le mi bémol *est bémol*, et leur prétendu mi dièze *n'est pas dièze*, mais il est naturel. Il est contraire à toute raison de qualifier une chose de ce qu'elle n'est pas, plutôt que de la dire simplement ce qu'elle est. D'ailleurs cet abus gratuit porte la confusion dans l'esprit des élèves, en leur in-

[1] Il serait à désirer que l'on abandonnât pour toujours cette expression si fausse de *naturel* pour désigner un ton qui n'est ni dièze ni bémol, et qu'on le remplaçât par celle de *primitif* qui a déjà été en usage ; car outre qu'elle est intrinsèquement mauvaise, puisque les tons diézés, les tons bémolisés et les tons *dits naturels* sont tous également naturels, c'est qu'elle perpétue cette erreur si honteuse qu'il y a des tons naturels et des tons qui ne le sont pas.

D'ailleurs l'épithète de *naturel* est, en musique, une expression fausse et en même temps une source d'erreurs. En effet : le ton *naturel* d'une note n'est-il pas celui qu'elle doit avoir, qu'elle soit diézée, bémolisée ou bécarrée ? Ainsi, une note diézée ou bémolisée est souvent plus naturelle qu'une note *primitive*, que l'on appelle improprement naturelle. Dans le ton de ré majeur, par exemple, le fa et l'ut dièses sont des notes très naturelles, et ces deux notes, si elles étaient primitives ou naturelles, ainsi qu'on les nomme mal à propos, n'y seraient certainement pas des notes naturelles. En conséquence, on devrait abandonner cette expression si fausse, comme étant une source d'erreurs.

CHAPITRE XLI.

sinuant que les mi réellement dièzes qu'ils rencontrent ne sont que des mi naturels, capricieusement qualifiés ainsi par le compositeur.

Dès lors que l'on dièze une tonique naturelle d'un ton majeur où il n'y a pas de bémols, toutes les notes naturelles deviennent dièzes, et par conséquent les notes déjà dièzes deviennent doubles dièzes, parce qu'il faut indispensablement hausser également d'un demi-ton toutes les notes pour conserver l'ordre immuable des degrés relatifs de la gamme. Si d'ut je fais ut dièze, toutes les autres notes montant nécessairement d'un demi-ton deviennent dièzes de même que la tonique; ainsi sept dièzes dans ce ton. Or, au lieu de quatre dièzes pour le ton de *mi dièze*, il y en aurait onze, dont sept ajoutés pour hausser les sept notes, et les quatre déjà existans dans le ton de mi naturel, lesquels s'écriraient à la clef par trois dièzes et quatre doubles dièzes. Pour le ton de *si dièze*, il y aurait douze dièzes qui se placeraient à la clef par deux dièzes et cinq doubles dièzes. Maintenant, à quoi reviendrait ce ton de mi-dièze? précisément au ton de fa naturel qui n'a qu'un bémol. Pour vous en convaincre, notez un air facile dans chacun de ces deux tons, puis prenez deux instrumens pareils, deux violons ou deux flûtes; jouez à deux ensemble et successivement, et qu'un troisième écoute, vous verrez enfin que le doigter ainsi que l'effet seront les mêmes dans un ton comme dans l'autre, et qu'il n'y a, en un mot, de différence que sur le papier.

CHAPITRE XLII.

DU PRÉTENDU CARACTÈRE PARTICULIER DES DIÈZES ET DES BÉMOLS.

Dans presque tous les solféges on trouve des leçons *pour habituer au premier dièze, au second dièze,* des leçons *pour habituer au premier, au deuxième bémol,* etc., etc.

Pour habituer à une chose, ne faut-il pas que cette chose ait un caractère particulier et constant? Est-ce que les dièzes et les bémols peuvent avoir un caractère? Quel peut donc être le caractère d'une note qui varie et change de place, et par-là même d'expression et de signification?

Quel est, par exemple, le caractère du dièze sur la seconde note en mode mineur, sur le fa dans le ton de mi, sinon celui du ré note naturelle et également seconde dans le ton d'ut? et quel rapport de caractère y a-t-il entre ce fa dièze, seconde note de mi mineur, et le fa également dièze et septième note de sol majeur? Quel rapport y a-t-il encore entre ce fa dièze, seconde note de mi mineur, et le fa dièze, cinquième note de si mineur?

Quel est de même le caractère du premier bémol sur la quinte dans le mode majeur, c'est-à-dire sur le si dans le ton de mi bémol majeur, sinon celui du sol, note naturelle et quinte du ton d'ut; et quel rapport y a-t-il entre le caractère de ce premier bémol, dans le ton de fa, où il est quarte, et celui que ce premier bémol a dans le ton de mi bémol, où il est quinte?

Voilà donc des notes bémolisées et diézées qui ont le caractère de notes naturelles et de notes diézées et bémolisées qui varient de caractère selon les tons.

CHAPITRE XLII.

Comment veut-on que la connaissance ou pour mieux dire l'habitude routinière du caractère du premier dièze dans le ton de mi mineur puisse donner la connaissance de ce premier dièze dans le ton de si mineur, lorsque ce dièze est *seconde* dans le ton de mi et *quinte* dans le ton de si, et que ce caractère n'appartient qu'aux degrés de la gamme de chaque mode? Et de même, comment veut-on que la connaissance du caractère du premier bémol dans le ton de fa où il est *quarte*, et offre par-là un caractère sombre, procure la connaissance du caractère du premier bémol dans le ton de mi bémol, où il est quinte et offre par-là un caractère fier.

Encore une fois, le caractère constant, le seul vrai caractère appartient aux degrés de la gamme, et non pas aux notes ni aux signes modificatifs.

CHAPITRE XLIII.

SUR L'INCONVÉNIENT DES NOMS DES SILENCES.

On nomme *demi-soupir* le silence d'une *croche*, quart de soupir le silence d'une *double*-croche, *demi-quart* de soupir, le silence d'une *triple*-croche.

Quel rapport peut-il y avoir entre une progression décroissante et une progression croissante; entre un *demi* et un entier, entre un *quart* et une *double*, un *demi-quart* et une *triple?* Pourquoi, convaincu par le raisonnement et par l'expérience, ne supprimerait-on pas ces dénominations si *confusives*, et ne dirait-on pas simplement : silence de mesure, silence de blanche, silence de noire, silence de croche, silence de double croche, silence de triple croche, et par abréviation, silence de double, silence de triple? Par cette suppression, l'élève se trouverait

DES NOMS DES SILENCES. 189

dispensé d'apprendre des dénominations qui ne disent rien, et toute obscurité disparaîtrait, puisque, ainsi que je l'ai fait remarquer dans la méthode, à commencer par le silence de la croche, chaque signe de silence a toujours autant de crochets que la valeur de note dont il tient la place a de crochets ou de barres. Ainsi l'élève ne verrait dans le silence d'une croche que la suppression, le vide de cette valeur de note.

CHAPITRE XLIV.

DU PORTE-VOIX.

Comme les porte-voix ne doivent raisonnablement s'employer que pour faciliter la lecture et non pas produire de l'incertitude, il ne devrait y avoir d'autre porte-voix que le porte-voix bref. Mais puisqu'il existe aussi des porte-voix longs, il faut bien, tout en blâmant cet usage, apprendre à les exécuter.

Il n'est rien, en musique, sur quoi l'on ait tant déraisonné que sur les porte-voix et leur exécution, c'est-à-dire sur la valeur qu'ils doivent avoir. Il faut lire tout ce qui a été écrit à ce sujet par les auteurs de méthodes. L'un décide que le porte-voix est toujours bref; l'autre, tout au contraire, assure qu'il est toujours long et qu'il prend la moitié de la note suivante et même les deux tiers, si cette note est pointée. D'autres, tels que Viguerie, après avoir observé que le défaut de distinction entre le porte-voix long et le porte-voix bref apporte une grande confusion dans la lecture de la musique, propose de donner au porte-voix la vraie valeur qu'il doit emprunter sur la note à laquelle il se lie. Quelqu'exacte que soit cette manière d'écrire en comparaison de la confusion actuelle, elle n'en est pas moins déraisonnable. En effet, ces petites notes calculées ne forment-elles pas un double emploi avec les notes ordinaires? N'est-ce pas une complication toute inutile que d'écrire de deux manières différentes ce qui pourrait l'être d'une seule ?

Au lieu d'écrire :
Exemple :

Pourquoi ne pas écrire tout simplement :

Cela ne serait-il pas plus clair, plus raisonnable ?

Cependant, puisqu'un grand nombre d'auteurs tiennent au porte-voix long, tout en voulant être exacts, il serait encore un moyen à l'aide duquel on pût s'entendre à cet égard. Ce moyen, tout simple, serait de convenir que tout porte-voix long, c'est-à-dire celui qui prendrait la moitié de la note, car devant les pointées il faut renoncer à mettre des porte-voix longs, que ce porte-voix, dis-je, serait toujours désigné par une simple croche, tandis que le porte-voix bref le serait par une double. Mais il faudrait que les compositeurs qui voudraient adopter ce moyen, le seul qui puisse faire cesser l'incertitude des exécutans et par conséquent la mauvaise exécution, eussent soin de l'indiquer en tête de chaque œuvre, pour que celui qui exécute sache à quoi s'en tenir. Cette indication serait ainsi conçue : porte-voix long ♪, porte-voix bref ♪.

Lisez l'exposition des principes de musique par Jean Bisch, et vous y trouverez qu'il n'y a qu'une sorte de porte-voix, *le porte-voix bref*. *On glisse*, dit-il, *sur la petite note*. Est-il possible qu'il n'ait pas remarqué qu'il y a dans tous les auteurs des porte-voix essentiellement longs, tout comme dans la plupart il y en a des brefs ?

Je sais bien qu'il est contraire à toute raison d'écrire en petites notes, à part de la masse de valeurs calculées qui composent la mesure, des notes constitutives du chant ; que c'est une manie sans but et qui ne fait que répandre la confusion et l'incertitude ; mais elle est si générale qu'on ne doit pas la laisser ignorer aux commençans. Au lieu de l'induire en erreur, il fallait prévenir l'élève de ce mauvais usage, afin qu'il pût, à l'aide de son goût, apprendre à distinguer le porte-voix bref du porte-voix long, deux choses si différentes et de la confusion desquelles résulte à tout instant l'altération du chant.

Il est encore des musiciens assez peu appréciateurs de la clarté pour vouloir écrire quatre notes égales, par trois porte-voix et une grosse note, comme dans les exemples suivans :

Quel est le résultat de ce charlatanisme, si ce n'est l'incertitude, la confusion ?

Lorsqu'un écolier rencontrera quelques passages ainsi écrits, et que le maître, sans autre explication, lui aura dit que *cela s'exécute de telle manière*, chaque fois qu'il trouvera une longue précédée de trois porte-voix, il ne manquera pas de faire quatre notes égales : ainsi l'auteur qui écrira correctement, qui voudra que ses porte-voix soient brefs et sa noire longue, ne pourra faire exécuter sa musique selon ses intentions. Comment vou-

CHAPITRE XLIV.

lez-vous donc que l'exécutant puisse être certain de rendre l'idée de l'auteur? comment voulez-vous donc que l'auteur puisse être certain de communiquer son idée à l'exécutant?

Il serait bien à souhaiter qu'il n'y eût plus d'autre porte-voix que le porte-voix bref, et tous les compositeurs devraient renoncer à cette manière d'écrire en petites notes longues tout ce qu'ils peuvent si bien noter en valeurs calculées. En un mot, *le porte-voix bref est indispensable*, ET LE PORTE-VOIX LONG EST ABSOLUMENT INUTILE.

Quant au porte-voix placé devant un triolet, il ne faut pas croire quelques professeurs qui, d'après peut-être un auteur de principes nommé *Bonjour,* vous disent que lorsque l'on trouve un porte-voix devant des triolets on doit exécuter quatre notes égales; ne sachant pas sentir que, par cette exécution, le trait serait totalement défiguré; que là où il y a quatre notes égales, il n'y a plus de triolets; que jamais le porte-voix placé devant une note ne doit influer sur celles qui la suivent, ne doit altérer les valeurs. Si vous exécutez ainsi les triolets, vous devez nécessairement les rendre tous, sans aucune exception, de cette manière; or, que résulterait-il de ce faux principe? qu'il n'y aurait de triolets que pour les yeux et non pour l'oreille, puisque tous ces assemblages triangulaires deviendraient dans l'exécution des assemblages carrés. Au lieu de rendre un triolet précédé d'un porte-voix ainsi :

ne faisant emprunter uniquement la durée du porte-voix que sur la note qui le touche, vous partageriez cet emprunt sur les trois également, les déplaçant ainsi toutes, et ne faisant de ces trois notes avec le porte-voix qu'un ensemble de quatre notes égales :

Exemple :

de sorte qu'il s'ensuivrait que tout porte-voix serait destructeur des triolets, et que le trait suivant et tant d'autres de même rhythme seraient nécessairement défigurés.

D'après ce principe, on exécuterait ainsi :

Qu'en résulterait-il encore? que tout compositeur qui voudrait employer des triolets précédés de porte-voix serait forcé d'y renoncer de peur de voir dénaturer son chant, ou du moins obligé d'écrire la petite note en valeur calculée avec la note suivante, lorsqu'il voudrait que sa petite note fût brève.

CHAPITRE XLIV.

Exemple :

Mais cette notation figurerait bien plus mal les triolets et embrouillerait d'ailleurs la lecture.

CHAPITRE XLV.

DU DOUBLE DIÈZE EMPLOYÉ DEVANT UNE NOTE NATURELLE, ET DE LA NÉCESSITÉ D'UN DOUBLE BÉQUARRE.

Pour s'exprimer exactement, on doit dire que le double dièze sert généralement à hausser d'un demi-ton la note déjà diézée. Il n'est qu'un seul cas, très rare, où le double dièze se mette devant une note naturelle ; c'est celui où, dans le ton de *la* mineur, on donne une fausse-sensible[1] à la septième majeure. Pour lors nécessairement le fa naturel, qui était sixte mineure, doit être double diézé, pour ne se trouver qu'à un faible demi-ton[2]. C'est dans ce même cas que le double béquarre, qu'on n'a jamais employé, est indispensable.

[1] J'entends par fausse-sensible, une sensible accidentelle.

[2] Une vérité que l'on n'a peut-être pas encore remarquée, c'est que toute fausse-sensible doit être rapprochée à moins d'un demi-ton de la note à laquelle elle appartient ; ainsi le *la* naturel n'est pas assez élevé devant le *si* bémol lorsqu'il en

DU DOUBLE BÉQUARRE.

Exemple du double dièze employé devant une note naturelle :

Même chant dans un autre ton, où l'on trouve la preuv· de la nécessité d'un double béquarre :

Autre exemple :

doit être la fausse sensible, ainsi qu'on peut s'en convaincre en faisant sur le violon ce passage.

CHAPITRE XLVI.

SUR LES ENSEMBLES DE SIX-POUR-QUATRE ET CINQ-POUR-QUATRE.

On ne doit marquer d'un 6 que les ensembles de six notes qui représentent un triolet, ou autrement qui en sont le doublement et qui par conséquent doivent marcher de deux en deux.

Exemple :

C'est donc à tort que quelques auteurs marquent d'un 6, six notes qui forment deux triolets, et qui ne doivent pas par conséquent marcher de deux en deux, mais bien de trois en trois; c'est une faute d'orthographe musicale, puisque cette manière indique la marche de deux en deux, laquelle ne cadre nullement avec la répartition des autres valeurs.

Exemple :

Il faut écrire :

SUR LES ENSEMBLES. 197

Quant à l'ensemble de cinq-pour-quatre, il y a nécessairement absence absolue de sentiment chez les musiciens qui ont voulu l'introduire. Il ne faut en effet qu'essayer et savoir sentir pour reconnaître que cet ensemble ne peut se supporter que lorsque le nombre ne se distingue pas, lorsqu'il ne fait pas de rhythme; par conséquent lorsqu'il ne produit pas son effet propre, et qu'il ne fait qu'un roulement. Sitôt que son nombre se distingue, que son effet rhythmique se fait sentir, il est impossible de le supposer, et il n'y a qu'une personne mal organisée qui puisse l'exécuter, ou bien ceux qui croient le faire se trompent et font l'ensemble de quatre brèves et une longue équivalant à l'ensemble de six-pour-quatre.

CHAPITRE XLVII.

DE LA BARRE DE RÉPÉTITION.

Jusqu'ici les auteurs n'ont point été d'accord sur la manière de faire ce signe. Les uns, et c'est l'immense majorité, se prétendant plus exacts que les autres, tiennent à le faire concorder pour le nombre de barres avec la valeur des notes du groupe qu'il représente. Ils ne regardent cet abrégé que comme représentant cet assemblage dont les notes auraient été omises; ils les font doubles pour des doubles croches, et triples pour des triples croches.

Exemple :

CHAPITRE XLVII.

D'autres, mais peu nombreux, n'emploient que la barre simple pour représenter tel groupe de valeurs que ce soit.

Exemple

Ceux-ci, à mon avis, raisonnent mieux que les premiers; car cette marque imaginée pour abréger et la copie et la gravure, doit être regardée comme un signe absolu, un caractère indiquant la répétition de la totalité du dernier nombre de notes liées ensemble, ou autrement du dernier assemblage de notes. Or cet assemblage peut être composé de notes de diverses valeurs, comme dans l'exemple suivant :

Comment fera-t-on avec cette affectation d'exactitude, pour éviter la répétition si longue et si ennuyeuse à écrire de tous ces groupes ? emploiera-t-on la barre double pour représenter une croche et deux doubles, ou une croche pointée et une double ? non sans doute, ou bien cette prétendue exactitude se trouverait en défaut.

Il n'y a donc point à balancer, et la barre simple, considérée comme signe absolu de répétition, doit être exclusivement adoptée.

CHAPITRE XLVIII.

DU PIQUÉ LONG ET ROND.

Afin d'éviter toute confusion dans les explications, il est convenable de nommer *piqués* au lieu de *points*, ces petites marques longues ou rondes que l'on emploie pour marquer le détaché ou l'articulé des notes. On ne doit uniquement appeler *point* que celui qui ajoute un tiers à la valeur de la note qu'il suit. Quoi qu'il soit bien avantageux d'avoir deux signes siccatifs différens pour marquer le plus ou le moins d'abréviation des notes d'une certaine durée, et s'exempter d'employer, pour assécher ces notes, des silences qui ne font que compliquer les valeurs et embrouiller la lecture, on n'a point encore songé à tirer parti de cette différence de signes, et on les emploie indifféremment l'un ou l'autre. Il est néanmoins des cas où la note doit être plus ou moins sèche, comme dans l'exemple suivant :

Cependant, quelque précieuse que puisse être cette différence, il n'en est pas moins incontestable que le *piqué* rond, employé ou non avec discernement, sera toujours un signe extrêmement confusif, vu que lorsqu'il se trouve à la hauteur de la note précédente, il semble alors le point augmentatif de cette note, plutôt que le *piqué* de celle à qui il appartient. Il serait donc à propos de renoncer à employer le point comme *piqué*, et de donner la forme longue aux deux *piqués fort* et *faible*, qui seraient mieux nommés *piqué* et *demi-piqué;* le pre-

200   CHAPITRE XLVIII.

mier plus alongé et allant en diminuant vers sa note, et le second plus maigre, sans diminution, et de moitié plus court.

Exemple :

Il nous manque encore un signe essentiel pour écrire nos idées avec exactitude, c'est un signe d'alongement que l'on marquerait ainsi.

Exemple :

CHAPITRE XLIX.

DES DÉFAUTS D'ORTHOGRAPHE MUSICALE.

On voit à chaque instant des blanches pointées dans la mesure à six-huit; c'est une faute bien grave d'orthographe musicale. Il ne doit pas plutôt y avoir dans cette mesure une blanche pointée, ni une blanche et une noire, que trois noires, parce que les six croches qui la composent, ainsi rassemblées, offrent à l'œil l'indication d'une répétition en trois masses, et par conséquent ne cadrent plus avec la division en deux parties égales.

Tous les auteurs de méthodes conviennent que l'on ne doit jamais écrire, dans le six-huit, trois noires de suite; personne même, excepté *Collinet,* n'y a encore écrit une blanche et une

DES DÉFAUTS D'ORTHOGRAPHE.

noire; et cependant ils y écrivent tous une blanche pointée, qui n'y vaut pas mieux. Dès qu'on n'écrit pas trois noires, dans la mesure à six-huit, de crainte de présenter à l'œil une division en trois temps, l'on ne saurait y écrire non plus une blanche pointée, puisque cette valeur indique précisément la division en trois noires et par conséquent trois temps. On doit donc remplacer la blanche pointée par deux noires pointées liées ensemble au moyen d'un coulé.

Exemple :

car il est sensible que dans un *deux-temps* il faut représenter deux temps et non pas trois temps. Malheureusement on trouve dans tous les auteurs de ces fautes d'orthographe. Je n'en citerai que quelques exemples.

Collinet, dans les airs de *Fanchon*, arrangés pour deux flageolets :

Kreutzer, dans l'ouverture de *Lodoïska* :

plus loin :

pour :

car le point d'une blanche valant une croche, il en résulterait qu'il y aurait une croche de trop dans le second temps.

Michel, dans un duo pour clarinette et violon :

au lieu de :

Le même auteur dans le rondo du sixième duo du neuvième œuvre de duos pour clarinette et violon :

Voici comment doit s'écrire cette mesure :

DES DÉFAUTS D'ORTHOGRAPHE.

Une foule d'auteurs écrivent :

pour :

Dans l'ariette de *la bataille d'Ivry*, par Martini, on trouve ces deux mesures :

C'est le contre-pied de ce qu'il fallait écrire, c'est précisément le porte-voix où la raison demande une grosse note, une valeur calculée, puis une grosse note où elle demande un porte-voix, et où cette inutile et prétendue régularité produit d'ailleurs un contre-sens complet, c'est-à-dire exprime ce que l'auteur ne veut pas qu'on exécute, et ce qui vraiment ne conviendrait point au chant d'après tous les principes d'exécution et par conséquent d'orthographe musicale; quel arrangement de valeurs offre cet ensemble de notes, sinon une syncope et rien qu'une syncope précédée et suivie d'une brève?

Effet

CHAPITRE XLIX.

Voici comment ces deux mesures doivent s'écrire :

Autant il est contraire à toute raison d'écrire en porte-voix une note essentielle qui a de la durée et dont l'omission ou le raccourcissement altérerait le chant, autant et plus il l'est encore d'écrire en valeur calculée une note qui ne doit point compter dans la mesure et que par conséquent l'on doit représenter par un porte-voix, parce que, dans le premier cas, il n'y a qu'incertitude, et qu'avec du goût et de l'habitude on peut choisir la bonne manière, tandis que dans le second il y a précision de signes universellement reconnus pour n'avoir point éprouvé de variation dans la signification, et que par conséquent il y a indication opposée à l'idée que l'on veut rendre.

Et c'est précisément cette extrême inexactitude de la manière de noter des auteurs qui concourt si puissamment avec la fausse méthode générale à produire chez les élèves ce défaut de précision [1].

CHAPITRE L.

DE QUELQUES ERREURS EN FAIT DE MUSIQUE.

Fausseté prétendue des instrumens à cordes et des voix.

On a coutume de dire que telle personne a la voix fausse; on se trompe. Il ne peut y avoir de voix fausse, puisqu'il n'y a

[1] Cependant on ne doit attribuer la plupart de ces fautes d'orthographe qu'à

point de distances marquées dans le gosier. Or, en quoi consiste le faux, si ce n'est dans la mauvaise répartition des distances respectives? On n'a donc point la voix fausse; la vérité est qu'on chante faux, parce que le plus souvent on a l'oreille fausse, c'est-à-dire d'une organisation assez imparfaite pour ne pas pouvoir juger du trop ou du trop peu d'élévation relative des tons. On sait bien qu'il y a des voix non flexibles, et ainsi difficiles à conduire; j'ai bien connu des personnes qui s'apercevaient très bien des faux tons qu'un autre faisait, des musiciens même, et jouant du violon fort juste; je les ai entendues toutes détonner horriblement et en chantant des airs très faciles. Celles-là, j'en conviens, n'avaient pas l'oreille fausse, mais elles n'avaient pas la voix fausse pour cela non plus; leur gosier seulement était peu flexible, et il y avait chez elles beaucoup de paresse et de maladresse; tel ton qu'elles manquaient, dans des valeurs longues, elles l'auraient fait juste si elles eussent eu le courage de soutenir leur voix, de la retenir ou de la pousser; car, comme je l'ai déjà dit, il n'y a rien qui s'y oppose. Mais point du tout; cette attention, ce petit effort leur coûte, et elles aiment bien mieux chanter faux que de se gêner un peu. Ces personnes ont deux torts à la fois; d'abord celui de ne pas essayer avec persévérance de vaincre cette difficulté, très petite peine dont elles seraient amplement récompensées en parvenant à la fin à s'habituer à chanter juste, au moins les airs faciles; le second tort, c'est de ne pas se taire, surtout devant le monde, lorsqu'on sait que l'on chante faux. Mais, je le répète, on peut avoir l'oreille fausse, mais non la voix.

On dit aussi encore très souvent qu'un violon est faux, lorsqu'il est d'un son aigre ou bien lorsqu'il est décollé; mais on se trompe encore, puisque la fausseté consiste dans l'imperfection

l'ignorance des graveurs, qui très souvent se permettent de substituer leur notation à celle des auteurs.

des distances relatives, et que la touche du violon n'ayant point de degrés marqués, il ne dépend que de l'exécutant seul d'arriver à tel ou tel point; il n'y a qu'un seul cas où la touche d'un violon peut être fausse, c'est lorsqu'elle se trouve profondément gravée par les cordes ou qu'elle aura été mal grattée.

Confusion de l'exécution sur les instrumens avec la connaissance de la musique.

On a coutume de confondre l'exécution sur les instrumens avec la connaissance de la musique. *C'est un bon musicien, un grand musicien,* vous dit-on; et l'on veut dire un bon violoniste, un homme qui joue bien du violon. Mais qu'entend-on par un bon violoniste? celui qui sait tirer du violon des sons agréables, qui exécute brillamment et avec légèreté; or, je le demande, quel rapport eut jamais la musique avec ce talent d'extraction des sons, qui est tout aussi bien, et quelquefois mieux celui du routinier qui ne connaît pas une note que du musicien le plus expert.

Que doit-on donc entendre par musicien?

En fait d'exécution, le musicien est celui qui sait bien diviser le temps total d'une mesure parmi les différentes valeurs ou fractions qui la composent, celui qui a de l'aplomb, de manière à ne pas presser plus une mesure que l'autre, celui qui sait exprimer, et qui met à chaque genre de musique le tact qui lui convient, le tact qui lui est essentiellement propre.

Du défaut d'aplomb.

On entend à chaque instant des personnes s'efforcer d'excuser des musiciens sans mesure, en prétendant que c'est uniquement la vivacité qui les emporte, tandis que c'est faute d'aplomb, de solidité, que c'est faute de savoir mesurer le temps, de connaître bien les valeurs. On peut remarquer en effet que ceux-là qui pressent la mesure, nécessairement aussi la ralentissent; car s'ils ne faisaient que la presser, la vivacité serait bientôt telle, surtout dans les *presto*, qu'il serait impossible de continuer. Or, si presser la mesure était une preuve de vivacité, la ralentir serait une preuve d'apathie, ainsi cette prétendue qualité entraînerait essentiellement un autre défaut. Mais non encore une fois, la cause qui fait ainsi trébucher l'exécutant, est précisément celle-là qui, dans un chemin en pente, entraîne malgré lui le malade qui peut à peine se soutenir. Maintenant prétendra-t-on que ce soit l'excès de vigueur qui fasse ainsi courir le pauvre homme?

CONCLUSION.

J'aurais pu multiplier mes observations sur les erreurs et préjugés concernant la musique, mais c'eût été sortir du cadre que je me suis tracé. D'ailleurs ces observations trouveront leur place dans un autre ouvrage que je me propose de publier incessamment[1].

Puisse cette grammaire contribuer à déraciner des erreurs

---

(1) *Traité de Composition à l'usage des pianistes et des guitaristes*, ou Méthode pour apprendre en peu de temps à faire des accompagnemens sur le piano et sur la guitare.

et des préjugés qui depuis trop long-temps entravent l'enseignement si peu répandu de la musique, et qui cependant devrait tenir, même sous le rapport moral, un ordre plus élevé dans l'éducation de la jeunesse; puisse-t-elle surtout ne paraître aux yeux de qui que ce soit, l'œuvre irréfléchie d'un novateur hardi, et qui n'a cherché qu'à substituer à des combinaisons bizarres des combinaisons plus bizarres encore : ce serait tout à la fois méconnaître les intentions bien pures de l'auteur et le but tout élémentaire de cet ouvrage, qui, plus que tout autre, mérite l'épithète si connue de Montaigne de LIVRE DE BONNE FOI[1].

(1) J'engage les élèves à se procurer le *Dictionnaire de Musique moderne* de M. Castil-Blaze, et *la Musique mise à la portée de tout le monde*, par M. Fétis. Dans le premier de ces ouvrages, ils trouveront la définition exacte et la signification de tous les termes usités en musique ; et dans le second, des développemens précieux sur l'histoire de la musique et sa notation ; sur la manière d'analyser les sensations qu'elle nous fait éprouver ; sur la mélodie, l'harmonie, l'emploi des voix et des instrumens ; enfin sur la poétique de la musique.

Ces deux ouvrages peuvent être regardés comme faisant suite à la *Grammaire musicale*.

FIN.

TABLE DES MATIÈRES.

PREMIÈRE PARTIE.
THÉORIE.

	Pages.
Avant-propos.	1
Introduction.	11
Chapitre I. De la gamme.	15
Cahp. II. Des clefs.	16
Chap. III. Du nom des notes à la clef de sol.	17
Chap. IV. Du nom des notes à la clef de fa.	19
Chap. V. Du nom des notes à la clef d'ut.	23
Chap. VI. Des signes employés pour représenter la durée des degrés de la gamme.	25
Chap. VII. De la valeur des notes.	26
Chap. VIII. Des silences.	32
Chap. IX. Du point.	36
Chap. X. Du mot *ton*.	38
Chap. XI. De la position respective des degrés de la gamme.	39
Chap. XII. Des mesures.	42
Chap. XIII. De l'exécution des silences.	48
Chap. XIV. De la syncope.	53
Chap. XV. Modèles d'analyses des grande et petite mesures à deux temps, des grande et petite mesures à trois temps et de la mesure à six-huit.	56
Chap. XVI. Du porte-voix.	66
Chap. XVII. Des dièze, bémol, bécarre, double dièze et double bémol.	67
Chap. XVIII. Du mode mineur.	75
Chap. XIX. Des tons relatifs.	76
Chap. XX. Règles pour connaître de suite dans quel *ton* l'on joue.	81

TABLE DES MATIÈRES.

Pages.

Chap. XXI. Des signes de convention, *reprise*, *renvoi*, *da-capo*, *barre de répétition*, *point d'orgue*. 82
Chap. XXII. Du trille et du piqué. 86
Chap. XXIII. Des termes italiens usités en musique. 88

DEUXIÈME PARTIE.
PRATIQUE.

Chap. XXIV - XXV. Cent huit exercices sur la mesure à deux temps. 91—98
Chap. XXVI - XXVII. Quatre-vingt-huit exercices sur la mesure à trois temps. 104—108
Chap. XXVIII. Vingt-trois exercices sur la mesure à six-huit. 112
Chap. XXIX. Seize exercices mêlés de doigter, formant la récapitulation. 115
Chap. XXX. Cent quinze exercices particuliers pour les élèves qui se destinent au piano. 119
Chap. XXXI. Cent cinq exercices particuliers pour les élèves qui veulent apprendre la guitare. 143

TROISIÈME PARTIE.
OBSERVATIONS
SUR LES ERREURS, PRÉJUGÉS ET FAUSSES OPINIONS EN FAIT DE MUSIQUE.

Chap. XXXII. Du son. 135
Chap. XXXIII. De l'écho des instrumens, répondant à la voix. 157
Chap. XXXIV. Des vibrations. 158
Chap. XXXV. Du caractère respectif des degrés de la gamme. 160
Chap. XXXVI. Du caractère particulier des degrés de la gamme. 165
Chap. XXXVII. Prestige des tons. 167
Chap. XXXVIII. De la multiplicité des mesures. 175

TABLE DES MATIÈRES.

Pages.

Chap. XXXIX. De la multiplicité des clefs. 179
Chap. XL. Du dièze, du bécarre et du bémol. 181
Chap. XLI. Fausses dénominations de *mi* dièze et *si* dièze, pour *mi* et *si* naturels. 185
Chap. XLII. Du prétendu caractère particulier des dièzes et des bémols. 187
Chap. XLIII. Sur l'inconvénient des noms des silences. 188
Chap. XLIV. Du porte-voix. 189
Chap. XLV. Du double-dièze employé devant une note naturelle, et de la nécessité d'un double bécarre. 194
Chap. XLVI. Sur les ensembles de six-pour-quatre et cinq-pour-quatre. 196
Chap. XLVII. De la brave de répétition. 197
Chap. XLVIII. Du *piqué* long et rond. 199
Chap. XLIX. Des défauts d'orthographe musicale. 200
Chap. L. De quelques erreurs en fait de musique. 204
Fausseté prétendue des instrumens à cordes et de la voix. Ibid.
Confusion de l'exécution sur les instrumens avec la connaissance de la musique. 206
Du défaut d'aplomb. 207
Conclusion. Ibid.

FIN DE LA TABLE.

ŒUVRES	fr.	c.
31 Duo concertant pour piano et guitare.............	6	«
32 Trio pour piano, guitare et violon..............	4	50
33 Sextuor pour flûte, clarinette, violon, alto, basse et guitare............	6	»
34 La Retraite française, fantaisie en sons harmoniques, pour guitare seule.	2	»
35 Premier et deuxième quadrilles de contredanse pour piano et guitare.......	6	»
36 Troisième quadrille *idem*..	3	50
37 Troisième fantaisie en sons harmoniques pour guitare seule................	2	50
38 Duo facile pour piano et guitare................	5	»
39 Troisième quadrille de contredanses et valses pour guitare seule........	3	75
40 Trio pour guitare, violon et alto................	6	»
41 La partie de chasse, fantaisie imitative en sons harmoniques, suivie de deux autres fantaisies et de l'air *au clair de la lune*, varié pour guitare seule...	4	50

ŒUVRES	fr.	c.
42 Méthode complète et simplifiée pour la guitare...	15	»
43 Nouvelle Retraite espagnole.	3	»
44 Les Amans querelleurs, opéra-comique en un acte, arrangé en quatuor pour flûte, violon, alto et basse.	12	»

**COLLECTION
D'HARMONIE MILITAIRE**[1],

A L'USAGE DES MUSIQUES DE LA GARDE NATIONALE,

Contenant soixante morceaux et publiée en dix livraisons.

45 Premier cahier..........	12	»
46 Troisième duo pour piano et guitare...............	6	»
47 Deuxième cahier d'harmonie militaire............	12	»
48 Grande sérénade pour deux violons, alto, basse, flûte, deux clarinettes, deux cors et basson.........	9	»
49 Troisième cahier d'harmonie militaire...........	12	»
50 Duo concertant pour deux guitares.............	5	»
51 Quatrième cahier d'harmonie militaire..........	12	»
52 Quatrième duo pour piano et guitare.............	6	»

(1) En rendant compte des deux premiers recueils de cette collection, le *Courrier Français*, dans son numéro du 24 février 1829, s'exprime ainsi :

« Des chants neufs et heureux, une harmonie élégante et facile distinguent cette collection. L'auteur n'a point suivi la route tracée par ses devanciers, qui pour la plupart ont composé leurs morceaux pour de forts musiciens ; M. du Boulley au contraire, destinant sa collection aux musiques des gardes nationales, a dû nécessairement rendre ses partitions à la fois brillantes et faciles ; il a dû surtout ménager les secondes clarinettes, qui sont toujours les parties les plus faibles dans les musiques militaires de province. L'auteur de cette collection a ajouté une troisième partie de clarinette, très facile, qui le met à même de rendre son harmonie plus fournie, et qui donne au chef de musique l'avantage de faire entendre ses jeunes élèves, de tirer parti de leur talent naissant, et d'exciter leur émulation sans nuire à l'effet général. Cette innovation sera sans doute imitée. »

ŒUVRES	fr. c.
53 Cinquième cahier d'harmonie militaire..........	12 »
54 Sérénade en trio pour violon, piano et guitare......	6 »
55 Sixième cahier d'harmonie militaire.............	12 »
56 Sérénade en quatuor pour flûte, violon, piano et guitare...............	9 »
57 Septième cahier d'harmonie militaire.............	12 »
58 Ouverture des Amans querelleurs, à grand orchestre.	
59 Huitième cahier d'harmonie militaire.............	12 »
60 Cinquième sérénade pour guitare et violon.......	4 50
61 Neuvième cahier d'harmonie militaire............	12 »

ŒUVRES	fr. c.
62 Recueil de contredanses et valses pour guitare et violon................	4 50
63 Dixième cahier d'harmonie militaire.............	12 »
64 Sixième sérénade pour violon et guitare.........	4 50
65 Trio pour flûte, clarinette et basson............	4 50

ROMANCES

avec accompagnement de piano.

Les Adieux à Zélie, paroles de M. P***.............	1 50
Doux rossignol, paroles du même...............	1 50
Le Regard, paroles de M. Adolphe D***.............	1 50
Les mêmes avec accompagnement de guitare...........	75

FIN.

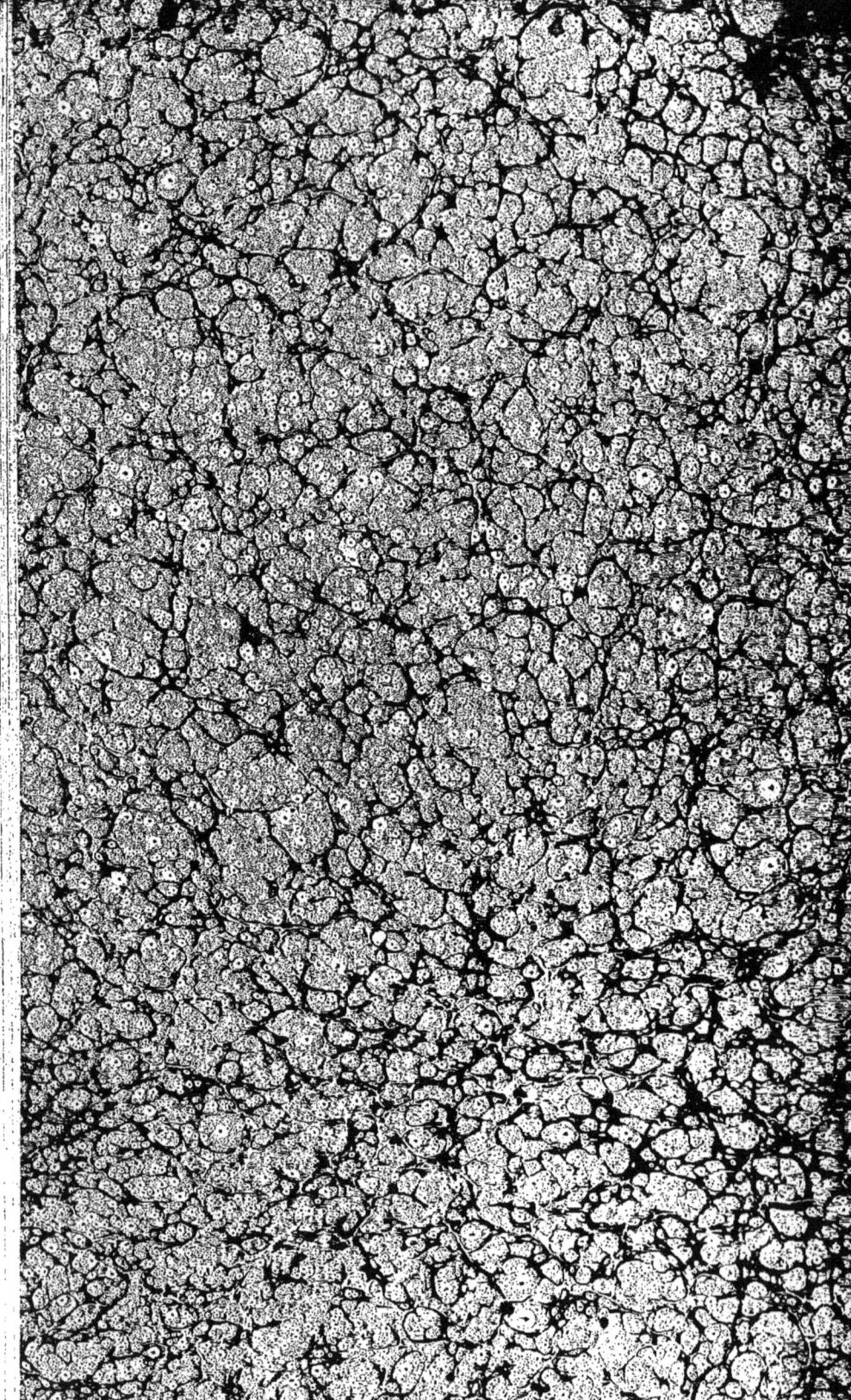

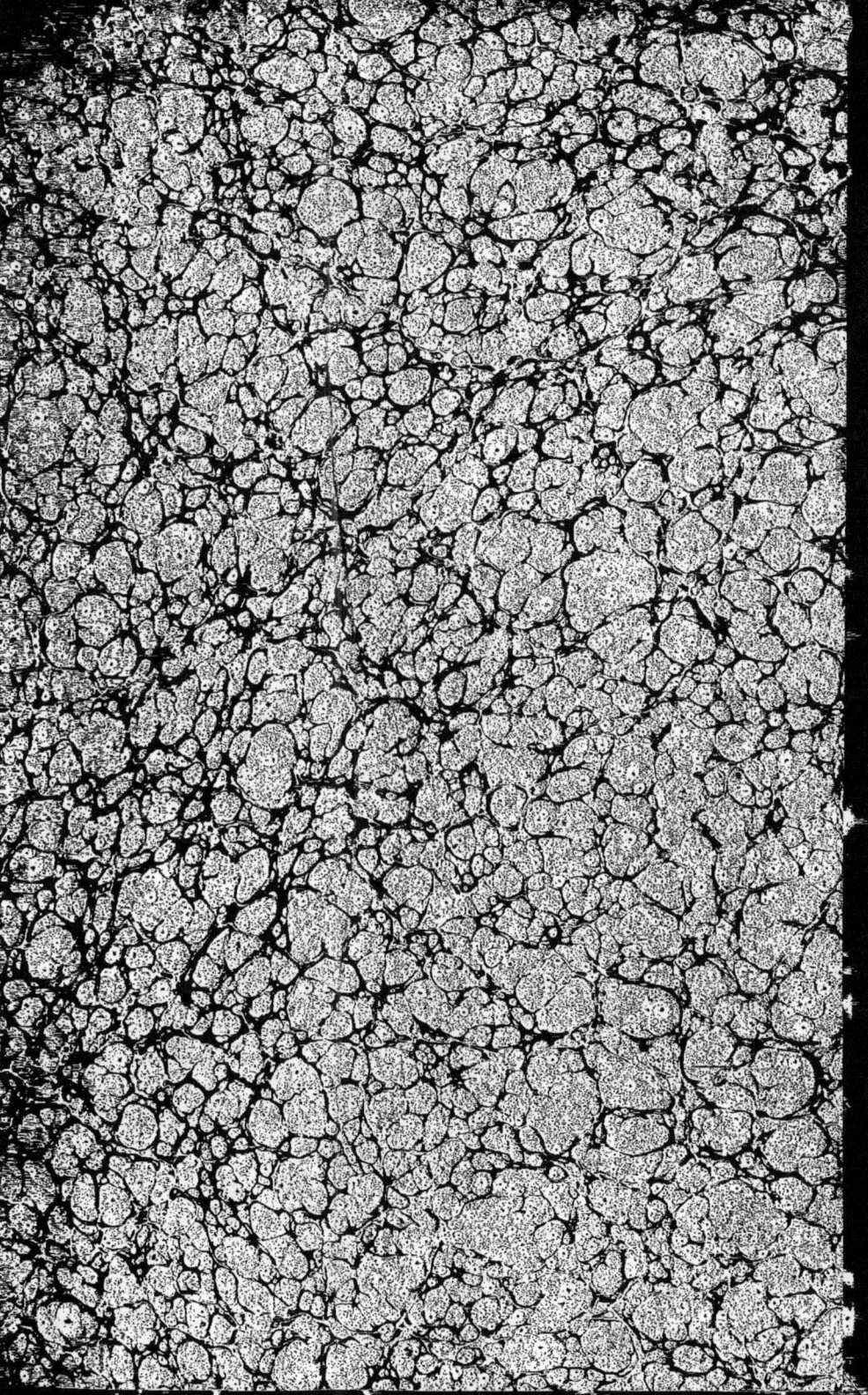

www.ingramcontent.com/pod-product-compliance
Lightning Source LLC
Chambersburg PA
CBHW051902160426
43198CB00012B/1716